昭和十八（一九四三）	ガダルカナル島奪取される	学徒出陣はじまる	伊が無条件降伏、カイロ会談
昭和十九（一九四四）	特攻隊出撃はじまる	学童疎開はじまる	ノルマンディー上陸作戦
昭和二十（一九四五）	原爆投下、ポツダム宣言受諾	天皇の戦争終結ラジオ放送	ヤルタ会談、独が降伏

太平洋戦争終戦

戦後

昭和二十（一九四五）	GHQの占領政策はじまる	闇市が各地に登場	国際連合成立
昭和二十一（一九四六）	日本国憲法公布	ソ連、中国からの引揚者ぞくぞく	チャーチル「鉄のカーテン」演説
昭和二十三（一九四八）	東京裁判判決		イスラエル建国
昭和二十五（一九五〇）	レッドパー[illegible]	特需景気	朝鮮戦争はじまる
昭和二十六（一九五一）	日米安全保[illegible]		サンフランシスコ講和会議
昭和二十九（一九五四）	被災した第[illegible]	映画『ゴジラ』公開	
昭和三十一（一九五六）	憲法調査会[illegible]盟	「もはや戦後ではない」	日ソ国交回復
昭和三十五（一九六〇）	新安保条約[illegible]	安保闘争	
昭和三十九（一九六四）	東京オリン[illegible]	東海道新幹線開業	日本がOECD加盟
昭和四十七（一九七二）	沖縄県本土復帰		日中国交回復
	…	…	…

半藤先生の「昭和史」で学ぶ非戦と平和

世界史のなかの日本

1926~1945 上

ナチス・ドイツ/ソ連の恐怖政治/欧米列強の中国進出

半藤一利

シリーズ「半藤先生の『昭和史』で学ぶ非戦と平和」は、二〇二一年に亡くなられた半藤一利さんの昭和史に関する四冊の著書『昭和史 1926-1945』『昭和史 戦後篇 1945-1989』『B面昭和史 1926-1945』『世界史のなかの昭和史』をそれぞれ二分冊にして全八巻にまとめ直し、若い読者にも読みやすく再編集したものです。小学五年生以上で学習する漢字にはふりがなをふり、各章冒頭にポイントとキーワードをまとめ、巻末には新たに解説を加えました。歴史学習に役立つよう巻末に索引も加えています。

本書『世界史のなかの日本 1926-1945 上』は、平凡社ライブラリー『世界史のなかの昭和史』（二〇二〇年、平凡社）を底本に再編集しました。

半藤先生の「昭和史」で学ぶ非戦と平和

世界史のなかの日本 1926~1945〈上〉 目次

プロローグ　歴史の皮肉と大いなる夢想　5

第一話　摂政裕仁親王の五年間　11

第二話　満洲事変を中心にして　43

第三話　日独防共協定そして盧溝橋事件　97

第四話　二つの「隔離」すべき国　155

解説　225

関連年表　251

参考文献　258

索引　269

半藤先生の「昭和史」で学ぶ非戦と平和

世界史のなかの日本 1926~1945〈下〉 目次

第五話 「複雑怪奇」と世界大戦勃発 5
第六話 昭和史が世界史の主役に躍りでたとき 57
第七話 「ニイタカヤマノボレ」への道 123
エピローグ 「ソ連仲介」と「ベルリン拝見」 223

あとがき 246
解説 251
関連年表 273
参考文献 280
索引 289

プロローグ

歴史の皮肉と大いなる夢想

長い探偵報告のはじめに

この章のポイント

太平洋戦争敗戦にいたるまで、昭和前半の日本の指導者は、ヒトラーやスターリンの台頭で激動する国際情勢にたいして認識が足りず、無謀ともいえる政治判断を繰り返しました。「半藤先生の『昭和史』で学ぶ非戦と平和」の『戦争の時代』では、その指導者たちの過ちが、『戦争と人びとの暮らし』では彼らの扇動に同調し、戦争に巻き込まれた国民の様子が描かれています。そして本書では、ヒトラーとスターリンという二大巨悪が動かした世界の動きと日本の関係をひもといていきます。

キーワード

歴史の皮肉／アジアの小さな〝持たざる〟島国／指導者の世界史認識／大いなる夢想／二人の非人間的で極悪な指導者

『昭和史』（正続、当シリーズ『戦争の時代』『復興への道のり』）あるいは『B面昭和史』（同『戦争と人びとの暮らし』）で何度も「歴史は皮肉なものである」とわたくしはかいています。その時代に生きている人間が期待するように、素直に、一直線に、歴史の流れというものは進まない、むしろ期待とは逆なほうへと進むことが多い、という意味でそういうのです。皮肉というよりも、実際は、それどころではなく、歴史は無情で、残忍で、非人間的な、酷薄なもの、つねに思いもかけない偶然を用意する、しかも、それは想定外に悪い場合が多い、といったほうがいいのかもしれません。

八十年余も前の戦前の「昭和史」という時代を考えますと、皮肉をとおり越して非情そのものと思えます。その時代の日本の指導者のなんと無謀であり無智であったことか、驚くばかりなのです。彼らは自分勝手に進むことだけを知って、停まって周囲つまり世界の動きを冷静に見回して考えることをしなかったのではないか。民草もその指導者の煽動にあっけなく乗って流されていった。満洲事変、上海事変、国際連盟脱退、二・二六事件、日中戦争、ノモンハン事件、昭和史は動乱につぐ動乱でした。日独伊三国同盟、日ソ中立条約、南部仏印進駐、そして真珠湾奇襲攻撃……。

そしてそのあとに、建国いらいかつて知らなかった国家敗亡というものを経験したのです。大日本帝国は国力がまったくなくなるほど叩きのめされました。美しい国土は廃墟同然となりました。まさに無残そのもので、わたくしは、わたくしの生きてきた〝昭和の日本〟を心からかわいそうであったと思うのです。

ですが、大いなる時の流れを丁寧にみてみますと、そうなったのもこのアジアの小さな〝持たざる〟島国がいいように欧米の列強の政略や戦略に翻弄されたためなのです。それは明らかであると思います。同時に、それはこの国の指導者の世界史認識の足らなかったゆえに、ということにもなるのです。つまり、そうとは知らず、夜郎自大な、自分勝手な、大いなる夢想を大日本帝国は追い求めていったその結果、ということでもあるのです。

たとえばヨシフ・V・スターリン（一八七九―一九五三）とアドルフ・ヒトラー（一八八九―一九四五）、この二人の非人間的で極悪な指導者が、二十世紀の世界歴史上にわずかにその姿を示してきたのは、ほとんど昭和の開幕と同じころでした。そしてアレヨという間に彼らは巨大な力をもって世界をひっかき回しはじめるのです。それは偶然ともみえ、いや、歴史的必然とも思えるのです。開幕と同時に凶暴な力にふり回されることとなった昭和日本。その指導者たちに、彼らがいかなる人物であるかをきちんと認識する時間が、急転する世界情勢のもとにあっては、あるいはなかったといえる、かもしれません。それこそがまさに昭和史の悲劇、いや、歴史の皮肉ということなのですが。

以下に、この長い探偵報告をかくにさいして、まずわかりやすく簡略に、この二人の巨頭の登場までを記してみようと思います。そこからこの長い報告をはじめるわけですが、とりあえずは混乱しないように別々にかかざるを得ません。そのためにからみ合いつつ変転していく同時史的な面白味がまったくなかったら、それはただただわたくしの力不足ゆえとお許し願いたいと思います。とにかくこの二人の巨悪は一筋縄ではつかまえかねる複雑な人物たちですから。

そしてそれから〝大国主義〟の名の下に帝国主義政策をとり世界へのりだしていく本篇へ、という段どりになります。これだってはたしてわかりやすく、読みやすくかけるかどうか、まことに心許ないのですが……。

第一話

摂政裕仁親王（せっしょうひろひとしんのう）の五年間

大正から昭和へ

この章のポイント

昭和の幕開けと時同じくして、世界をゆるがす二人の人物が台頭します。一九一七（大正六）年のロシア革命により史上初の社会主義国家が樹立しますが、二四（大正十三）年に革命の指導者だったレーニンが亡くなります。その後継となったのがスターリンでした。一方、第一次世界大戦の敗戦国ドイツでは、悪化する国民生活への不満を背景にナチス党指導者と成り上がったヒトラーが、二五（大正十四）年から翌年にかけて、著書『わが闘争』を発表。この年の十二月から日本は「昭和元年」となります。

キーワード

ロシア革命／レーニン／スターリン／ヒトラー／ヴェルサイユ条約／ミュンヘン一揆／わが闘争／裕仁親王の摂政就任／バーデンバーデンの密約／排日移民法

◆ロシア革命の指導者

いうまでもなく、二十世紀最初で最大の政治ドラマはロシア革命です。第一次世界大戦でドイツ軍と戦い敗戦がつづいて、困窮がますいっぽうとなった市民と一部兵士と労働者、農民が、「平和とパンを！」をスローガンに起ち上がったのが、一九一七年（大正六）三月のこと。いらい帝政ロシアの政府軍との抗争は激しさを加えていき、そしてもっとも劇的な日、十一月七日を迎えることになります。アメリカの著名なジャーナリストのジョン・リードが『世界を震撼させた十日間』（一九四六年。現在は文庫版などで『世界をゆるがした十日間』）で、この前後のことを的確にかいています。

レーニンの指導する「各民族ソビエト共和国」（のちのロシア共産党）の兵士たちは、ロマノフ王朝のシンボルであった冬宮を砲撃、そして突入してわずか数時間で政府軍を撃破し、閣僚を逮捕、これを占拠する。これがクライマックスでした。ロシア暦で十月二十五日＝十月革命は、すべてがこれで終わりました。武力衝突の起こったところ以外では、どしゃぶりの雨のなか市民たちはいつものように仕事にでかけ、電車も平常どおり動いていたといいます。映画館も人がいっぱいで、主婦たちは買い物で長い行列をつくっていた。革命としてはおだやかなものであったというのです。

十一月八日夜、ソビエト大会でレーニンは権力掌握とともに「社会主義国家の建設に入る」

ことを宣言しました。そして、このあと、同志にして軍事指導者として大活躍したトロツキーに、かれはこっそり打ち明けたといいます。

「迫害と地下生活からこんなに急に権力がとれるなんて……めまいがする」

――と、かいつまんでかいてきましたが、ロシア革命をかくのが目的ではまったくありません。主題はスターリンです。ところが、この歴史的なロシア革命を見事に勝利に導いた指導者のなかで、一八七九年生まれ三十八歳のスターリンは、たしかに政治局員でありましたが、あまり特筆できるほどの活躍は示していません。つまり、政治と思想の指導をレーニンが担い、軍事面をトロツキーが担ったとするのが歴史的事実というもの。レーニン亡きあと、独裁権を握ったスターリンがどんなに「違う。俺も重要な役割をはたした」と否定しても、この事実は抹殺できないのではないかと思うのです。

なるほど、さきのジョン・リードその人もかの名著の序文で「闘争の渦中にあって、わたしの感情は中立的ではなかった」とかいていますが、この本には十月革命の実態をきちんと伝えながらも、レーニンやトロツキーへの共感が随所に強くにじみでています。その影響もあって、ということになりますが、とにかく革命家としての若き日のスターリンは、のちのかれの言動からは想像もできないほど「静かな男で、委員会の端の方に坐って、あまりものをいわず、よく人のいうことを聞いていた」、そんな人物であったようなのです。

ここで時間を少々ふっ飛ばして話をさきに進めますと、スターリンの名がやや大きく歴史上にでてくるのは一九二二年（大正十一）のはじめごろからのことなのです。ロシア共産党の党政治局員の五人男（レーニン、トロツキー、カーメネフ、ブハーリン、スターリン）のひとり、共産党書記長となっています。

ところが、肩書は立派ですが、いまの党書記長とは相当に役割が違い、どうも党内部の組織固めをもっぱら任されていた、ちょっと軽い役割であったようです。革命は成ったものの国内の反動勢力による抗争はなおつづき、その内戦の指導を担っているのがトロツキー、革命を危惧しこれをつぶそうとする外国列強の干渉に対応しているのはブハーリンといったように、重大な、動乱のさなか内外の敵と戦うという試練に直面しているのは、ほかの政治局員でした。もちろん全般的な指導はレーニンが行っていました。

ヨシフ・V・スターリン（1879–1953）

スターリンはそうした骨身を削る重要政策とはやや遠く、党組織の細かな日常任務についていたのです。しかし、スターリンはかなり退屈な仕事であろうと、それをコツコツこなす事務能力にたけていた男のようでした。レーニンは彼のそうした資質を好んだのです。レーニンの考えを聞くと、スターリンはすぐに忍耐強く熱心に実行に移すのです。こいつは使えると、はじめのころにレーニンが思ったのも無理はありませんでした。

わずかにスターリンの業績として推賞しておかねばならないものがあるとすれば、かれは新国家の憲法を準備する任務を与えられ、その憲法によってロシアはソビエト社会主義共和国連邦（以下、ソ連とする）となったことがあげられます。ただし、その草案はレーニンが眼を通して直すべきところは直し、承認を与えたものであったことはいうまでもありません。

◆レーニンの「遺書」

しかも興味深いことは、その書記長としてのスターリンの言動の底にあるものにたいして、レーニンがわずか一年にして早くも見抜いて厳しい判断を下していたということです。それまでにたびたび脳卒中の発作に見舞われ死の近づいたことを感じていたレーニンは、一九二三年（大正十二）一月四日、すでにつくってあった「遺書」に、秘書に口述して追記をかき加えさせています。それには病床にありながら気力にみちた、何ともすさまじいレーニンのスターリン批判がかきこまれたのです。

「スターリンは粗暴すぎる。そして、この欠点は、われわれ共産主義者の間では十分我慢できるものであるが、書記長の職務にあっては我慢できないものとなる。だから、スターリンをこの地位からほかに移して、スターリンに勝る別の人物、すなわちもっと忠実で、もっと丁重で、思いやりがあり、彼ほど気まぐれでない人物を、この地位に任命することを考えてみるよう、同志諸君に提案する。これは、とるに足らない些細なことのように思われるかもしれない。しかし、党の分裂をふせぐ見地からすれば、これは些細なことではないと思う」

レーニンはこの「遺書」を発表しませんでした。彼の妻と秘書がそのことを知っているだけでした。

翌一九二四年一月二十一日、そのレーニンが亡くなります。葬儀を担当し、棺の担い手の主役となったのがスターリン。さらに、その遺体を香油漬けにして残すという、およそマルクス主義にあらざる非合理的なことが推し進められます。これには多くの党指導者が当惑し、未亡人も反対していましたが、これらを無視し、断乎として実現したのもスターリンその人でした。このとき、レーニン崇拝とレーニンの思想を政治的武器として利用しようと、すでにしてスターリンが考えていたかどうか、それはわかりません。が、〝レーニン主義〟という言葉が一般に使われるようになったのは、ちょうどこのころからであったといいます。

そしてその年の五月四日、中央委員会でレーニンの「遺書」が読まれ、それを党大会で公表すべきかどうかを決めるとなったとき、前々から工作してカーメネフとジノヴィエフと手を結んでいたことが、スターリンを救うことになりました。その眼が組織固めという党内部に向けられていたことが、かえって彼に有利に働きました。トロツキーがレーニンの跡目をついで独裁者になるのではないかと、この二人の古参党員が恐れていることを、スターリンは素早くみてとってうまく利用したのです。結果として「遺書」は発表せず、選ばれた少数代表だけに私的に伝えようというジノヴィエフの動議が、中央委員会で可決されました。

何ら警戒する必要のない万事に控え目な男、または地位も能力も一段下の操縦しやすい男、そう党指導層の間でこのときはみなされていた。あるいはそれがスターリンのそのふりをする〝芸〟であったのかもしれませんが、ともかく二流の人物とみられていることで、スターリンは権力への階段を登るための最大の危機を乗り切ることに成功したのです。

あとの文書による中傷、誹謗、弾劾という権力闘争については略すこととしますが、結果としていえることは、スターリンは全人格が政治的動物といっていい人物であり、嗅覚が人一倍すぐれていた。戦うべき〝敵〟を見定めその言動を分析することが習い性となっていた。常に相手の出てくる先を読んで、それを凌駕する手を素早く打つことを特技としていたのです。

スターリンが発表した一連の論文のなかの、レーニンとトロツキーの間の過去の対立をほじくりだしてみせた論文が最高に有効な武器となりました。スターリンの強調したことは、レーニン主義とトロツキズムは相容れない。したがって人間トロツキーはレーニンの後継者の資格がない、ということ、それにつきます。そして、各国共産党が競合しての世界革命を説くトロツキーと、「一国社会主義」を唱えるスターリンは、真っ正面から激突しました。一九二五年の初めに、トロツキーは革命軍事会議の議長と国防人民委員の職からの辞任を余儀なくされ、のちに亡命することになってしまいます。

あとは一瀉千里といえましょうか。つぎに、手近なところからジノヴィエフ、カーメネフとつづき、さらにまたブハーリン、ルイコフというように、彼の競争相手はつぎつぎと政治局から追放されていきます。どの人もスターリンの専断と巧妙なウソを強く非難しましたが、彼はそのたびに、政治局内のすでに工作のすんでいた多数の党員を思うように動かして、これらを撃破していくのです。ついにレーニンの後継者の座を獲得したとき、スターリンは四十六歳。

レーニンの「遺書」が世界に公表されたのは一九二六年（大正十五）十月十八日。トロツキーやカーメネフたちが「これこそがレーニンの意思である」と暴露したのですが、むしろソ連の最高権力者となっていたスターリンの反撃のほうが強力、かつ速効的であざやかでした。もはや彼らの主張は野良犬の遠吠えにすぎず、スターリンの権力の座はいっそう強固なものとなったのです。そして、その後にあまり目立たぬようにトロツキー派やカーメネフ派の粛清がはじまり、スターリン時代が訪れます。おぞましいスターリンの言葉があります。

「一人の人間が死ぬときは悲劇だ、何万人の人間が死ぬときは統計だ」

まさにそのとおりの実行でした。

じつはこの年の十二月二十五日、大正天皇が亡くなり、日本帝国は昭和と年号を変えているのです。そうとわかると、単なる偶然とはいえ、何とも妙な気がしてくるではありませんか。スターリン時代のはじまりと、昭和の幕あけが時を合わせているのかと。それで、わたくしはいいたくなってくるのです。やっぱり歴史とは皮肉なものよ、と。

◆敗戦後のドイツ帝国

ふくらみのない、直線的な話でありましたが、このままつづけてつぎはナチス・ドイツのヒトラー、ということになります。ナチスについて考えるときの肝腎のポイントは、ロシア革命がそうであったように、第一次世界大戦の、しかもドイツの場合は〝敗戦後〟の影響ということになりましょうか。

ご存じのように、一九一八年（大正七）一月のアメリカ大統領ウィルソンの休戦条件（国際連盟の創設、秘密外交の廃止、民族自決の承認など十四カ条）をいれて戦争が終結したとき、ドイツ帝国は敗戦国になっていました。しかし、事実は東方正面の戦闘ではドイツ軍が優勢であり、西部戦線でもほぼ互角の戦闘がつづけられていたのです。いわば休戦までの四年間、ドイツ国内には敵兵は一兵も入ってはいませんでした。ですから、ドイツ人は自分たちが敗けているとは思ってもみなかった。しかし、短期戦で終わるはずの戦争が長期戦となり、消耗戦となり、国内の厭戦気分からここでも革命が起こりはじめ、ドイツ帝国は〝休戦〟のつもりで、すなわち降伏せざるを得なくなったままでなのです。

そしてその年の十一月、ドイツ皇帝ヴィルヘルム二世はオランダへ亡命を余儀なくされます。ドイツ諸連邦の君主もそれぞれ退位する。軍隊と警察の権威は失墜し、あとは破壊と内乱が続発し、革命派と反革命派の小政党が乱立、混乱の極みとなってしまいました。

ところが、そんなドイツの状況をよそに、一九一九年（大正八）にひらかれたパリ講和会議で、連合国は戦勝国として、ドイツを除けものにして、勝手に討議をすすめます。そして、ドイツと同盟していたオーストリアとオスマン・トルコは崩壊しているゆえに、すべての戦争責任をドイツ帝国に押しつけてきました。西欧列強はドイツにあらゆる手段でとにかく賠償金を支払わせることを決意したのです。その額が千三百二十億マルク、いまの日本円に換算すれば、なんと、ドイツ国民ひとり当り一千万円に相当する高額になる。これが六月二十八日、列席させたドイツ代表と連合国三十一カ国との間に調印されたヴェルサイユ条約なのです。

この決定はドイツから領土、植民地、あらゆる武器、残された富のほとんどを剝奪することになる。それ以上にドイツ民族の誇りを完膚なきまでに踏みにじることとなったのです。世論の怒りは頂点に達します。われらのドイツ帝国は敗けていない、それなのに国際連盟への加入は認められず、民族自決権は無視されるという侮辱を浴びせかけられたと、国民のほとんどが思いました。戦争に敗けたのは皇帝と将軍たちである。われわれではない。しかも背中からグサリと俺たちを刺したのは、国内のユダヤ人や共産主義者、そして敗戦主義者だ。そのためこんな過酷な講和条約を呑まされた。この無念の思いは、いつかみていろ、という復讐を誓う思いでもあったといえましょうか。

動員解除された当時三十歳の伍長ヒトラーは、塹壕で一緒に戦った戦友たちとミュンヘンで再会します。そのミュンヘンでは講和条約反対の五十に近い右翼や国粋主義的な小集団が活

アドルフ・ヒトラー（1889–1945）

躍しはじめていたのです。そんなグループが入り乱れて勢力抗争する混沌たる状況下で、DAP（ドイツ労働者党）に熟慮の上でヒトラーが入党したのが九月十九日（一説に十六日、また一説に十月十九日）のこと。このDAPは翌一九二〇年二月（一説に四月）、NSDAP（国家社会主義ドイツ労働者党）に党名を変更、すなわちこれがナチスなのです。この日本語訳にも諸説あってややこしい。阿部良男氏の労作『ヒトラー全記録――20645日の軌跡』によれば、あるいは国民社会主義ドイツ労働者党、あるいは民族社会主義ドイツ労働者党、あるいは国粋社会主義ドイツ労働者党、エトセトラ、ということになるのですが、面倒なので、以下はナチスで統一することにします。そしてヒトラーは自称七番目の党員であったというのですが、実は五十五人目の党員であったといいます。いや、そんなことはどうでもいいことかもしれません。

なぜなら、翌一九二一年七月には、まさしく十八番の弁舌とアイデアに富んだ政治力そして行動力によって、ヒトラーは臨時党大会で五百五十四名のうちの五百五十三名の党員の支持を得て、党首に選任されているからです。ヒトラーは明らかに自分の才能を自覚していたようです。対話はやや苦手だが、演説という長所が俺にはある。その長所をより伸ばそうと、鏡の前で身振りや言い回しをくり返して練習しつづけたというのです。

いや、それだけではありません。数限りなくあるヒトラーの伝記のなかには、「集会における幾度かの乱闘での勝利の後に」と皮肉っぽくかいているものもあります。もう彼のまわりには親衛隊ともいうべき腕っ節の強い連中がいたのでしょう。いずれにせよ、ヒトラーがナチスのトップに立ったのが一九二一年＝大正十年というのはすこぶる興味深いところです。

◆ミュンヘン一揆の失敗

さて、ここからまたまた時点を少々先に飛ばすことにします。そうしないと、別にもう一冊の本をまとめねばならないことになってしまう。それでその二年後ということになるのです。すなわち一九二三年（大正十二）一月に、戦勝を誇るフランスがとてつもないことをやってのけました。賠償金支払い義務の不履行を理由に、ドイツ工業の心臓部であるルール地方をフランス軍が不法にも占拠したのです。これはまったくの暴挙でして、これによってドイツ経済はがたがたとなり、史上空前の大インフレーションが起こり、国民生活は破滅に追いこまれることとなってしまったのです。

当然のことながら、ヴェルサイユ条約締結いらい抑えに抑えていたドイツ国民の怒りは爆発します。フランスの暴挙は右翼国粋思想をいっそう伸長させ、かつ強固にさせる心理土壌を培養したことになりました。ナチス党員数は一月末には二万人を超え、さらにふえつづけていくいっぽう。党首ヒトラーの獅子吼は新しい党員を前にして、いよいよますます冴え、激越になっていきます。これはその一例、八月一日にミュンヘンのクローネサーカス会場で、八千五百人の聴衆を前にして行われたものです。

「ヴェルサイユ条約は、恐るべき虚偽の上に基礎づけられた。われわれは、もはや、その条項を履行することを拒否する。諸君はその欲することをなせ。もし諸君にして戦いを欲するならば、敢然としてそれを求めよ」

さらにもう一例、九月一日、同じくミュンヘンで二万五千人の聴衆を前にして。

「われわれは新しい独裁者をもつべきであり、現在のようなだらしない議会や政府はもはや必要ないのだ」

そしてその言葉をみずからが実行せんとするかのように、翌二日に、ヒトラーはいくつかの愛国団体に呼びかけて「ドイツ闘争同盟」を新結成します。名誉総裁には第一次世界大戦の英雄ルーデンドルフ将軍をひっ張りだし、ヒトラーはその最高指揮官となる。そこから十一月の、いわゆるミュンヘン一揆（武装集団によるクーデタ）までは一直線の道程であった、といっていいでしょう。まずミュンヘンのあるバイエルン政府を倒して権力を掌握し、そこからベルリンへの進撃を敢行して天下をとる、そうした意図のもとにナチス党が蹶起したのです。ヒトラーはこのとき三十四歳。

念のためにかいておきますが、ヒトラーは信仰などまったくもたず、道義や義理人情にも関心がない。その人生の目的といえば、権謀術数の渦巻くなかで、人をおしのけて権力を獲得する、そのことに生き甲斐を見出している人物である。そうしっかりと記憶しておいたほうがいいようです。

十一月九日午前十一時三十分、武装した突撃隊員二千人（一説に三千人）は進撃を開始しました。が、その一時間後にはもうバイエルン政府の警官隊によって、大した武器ももたない蹶起部隊は押し潰され、四散せねばならなくなる。クーデタは完全に失敗に帰します。ヒトラーは突撃隊の救急車で脱出しますが、結局は二日後の十一日に逮捕されてしまいました。

当然のことに、国家転覆を計画した大逆罪の首謀者として銃殺されるであろうことを覚悟したヒトラーは、裁判でも大いに弁舌をふるい、反逆罪の最低の刑である五年の禁錮刑をかちとりまして、刑務所に収監されます。ところが、このへんが不思議なところなのです。政府はよほどこの男を恐れたのか、それとも小馬鹿にしたのか、よくわかりませんが、その獄中生活たるやなぜか優雅に近いものであったらしいのです。陽当りのいい独房、結構な食事、差し入れや面会は自由。三十五歳の誕生日には、花束がいくつもとどけられ、彼の獄房はおろか、二つも三つもの房が花で埋めつくされたというのです。それだけではなく、二人のナチス党員を私設秘書として使うことも許可されています。それで、ずっと前から彼にぞっこん惚れこんでついてきたヘス（のちの総統代理）と、運転手兼雑用係であったモーリスの二人が志願して崇めたてまつってヒトラーに仕えることになります。妙な話というほかはありませんが。

しかも囚人としての刑期がはじまったときから、ヒトラーは裁判に勝ったと思いこむことで極度に自信を深め、自己認識を変えていったようなのです。もともと過ちを顧みることのできないこの男は、いままでの「太鼓叩き」アジテーターから「英雄的」指導者へ、と自己のイメージをぐんぐん大きなものにしていく。おのれこそ敗戦国ドイツの救世主だと考えはじめる。こんどの一揆の挫折も殉教者の勝利へと形を変えました。しかも、権力を自分のものとするには、自分にふさわしく大衆政治家にならなければならない、とハッキリと悟ったのです。獄房の花の山がそれを彼に教えたのかもしれません。ナチスの使命はもう後戻りなどはできない、ただ前進あるのみ。大きくするのみ。そしておのれのこの「理念」に身を捧げることがまさしくおのれの使命、という自覚をより強くしていきました。

こうして、獄中にあって二人の私設秘書を相手に、ヒトラーは自分の政治上の基本方針、世界観、未来への展望、早くいえばおのれの「理念」と「使命」とを滔々と語りはじめました。そのまとまった口述筆記にははじめ「嘘、愚行、臆病との四年半にわたる戦い」というあまり読みたくないような題名がつけられていましたが、自分で気に入らなかったのでしょう、のちに知人の助言を容れて簡潔に「わが闘争」と変えたのです。

◆『わが闘争』の刊行

さてさて、ここまでかいてきてヤレヤレという思いがしています。この、二十世紀のもっとも危険な、悪魔の書ともいわれている『わが闘争』が最初に刊行されたのはいつなのか、それがいちばんかきたいところであったからです。すなわち、一九二五年（大正十四）七月十八日。ただし、自伝的なところを語った第一巻だけ。ヒトラーはまだ獄中にいたときなのです。仮釈放されたのがその年の十二月十九日といいますから、ちょっと驚きです。そしていちばん肝腎のヒトラーの思想や政略について語った第二巻は、翌二六年十二月十一日に刊行されているのです。これをはじめて知ったとき、わたくしはウムとうなったきり、しばし言葉を失いました。あとでくわしくふれますが、同じ二六年の十二月二十五日に日本帝国ではすでにふれたように大正天皇が亡くなり、昭和の時代が幕をあけているのです。ヘェーとなりませんか。

もちろん、冒頭でいったように単なる偶然の一致であったのかもしれません。それに刊行された当初はこの本はさっぱり売れなかったのはたしかで、世界的に大ベストセラーとなるのは昭和八年（一九三三）から。ですから単なる偶然で、とくに騒ぎ立てることでもないといえばいえるのです。が、やっぱりこれはまことに興味深い一致であり、歴史探偵としてはどうしても特筆したくなってしまうわけです。

ユダヤ人虐殺問題の関係もあって、『わが闘争』を必読書などといったら、総スカンを喰らっていわゆる〝炎上〟するかもしれません。が、ある意味では歴史の教訓というか反面教師というか、世の権力者というものの恐るべき政略戦略あるいは権謀術数あるいは民草操縦法などが、この本にはほぼ語りつくされているのです。ヒトラーという稀有の悪魔的天才の政治的術策とはどんなものであったか、その一端でも知ることは、わたくしたちの将来のためにも決して無駄ではないと思われるのですが。

そして獄中で夢みた新しいドイツもこの本のなかで語られています。アウトバーン構想もその一つです。自動車専用に建設された高速道路の入り組んだ壮大な景観。そこを国民車のフォルクスワーゲンに乗って意気揚々と最スピードで走り回るおのれの姿。ドイツ国民がそれに従ってえんえんと車をならべて走るのです。それこそが彼が描いた世界に冠たるドイツの明日、というわけです。

そんなこんなで読みようによっては面白い本なのです。そこでご参考までに、以下にちょっとだけ、わたくしがその昔にこの本を読んでウムとうならされてかき抜いておいたものがあります。それをご紹介することにしたいと思います。

「指導者たることは、すなわち大衆を動かし得るということだ。有効なプロパガンダとは、少数のステロ的な文句でいいから、たえず反覆して大衆の脳裏に深く刻みこまねばならぬ」

内容がどうのというのは二の次で、肝腎なのは壮大で光り輝いてみえること、それが大事なのです。それをくり返す。民草の頭に叩きこむ。これをどこかの国の首相は真似しているように思えて仕方がありません。

「わが国民の魂のために戦うにとどまらず、これを毒そうとする国際勢力を根絶して初めて、わが大衆の国民化が成し遂げられるのだ」

「ドイツが世界の強国となるか滅ぶかどちらかである。そして世界の強国となるためには、ドイツ国家に必要とされる威信と、ドイツ国民には生命を与えるだけの国土が必要である」

「地球上に十分な空間（国土）を確保することだけが、民族の存在の自由を約束するものだ。この方法によってのみ、ドイツ民族が世界の大国としての立場を貫くことができるのである」

その領土拡大のために侵略あるのみ、勝つか、さもなければ完全に破滅するか、それ以外にはあり得ない、とするヒトラーの頑ななまでの理念が、すでに十分に語られています。

「抽象観念など大衆にはほとんど無縁である。彼らの反応はもっぱら感情の領域にある。……大衆をつかもうとするならば、まず彼らの心情の扉を開く鍵を知らねばならぬ。それは客観性などという微温湯的な態度ではなく、力に裏づけられた決意によってなのだ」

そして、ヒトラーにとっては、人類とはアーリア民族だけのことで、日本人をふくめてユダヤ人など他民族は、アーリア民族が美しい文化をつくるための仕事を手伝う家畜なのだ、ということでした。ましてや、有色人種は劣等で馬や牛と同様にアーリア民族の労力として使われるのが本来の使命である、ということになる。そう『わが闘争』にはかかれています。

どうでしょうか。当時この本を読んだ世界の人たちの多くは、これを小馬鹿にして、ヒトラーを誇大妄想狂ぐらいにしか思わなかった。しかし、いまになるとそれが間違いであったことは明らかです。いかに曲がりくねり粗野で不快な言辞であろうとも、それはまさしく明確にヒトラーの政治思想を語ったものでした。そしてヒトラーにはこの〝世界観〟を変える必要性は死ぬまでなかったのです。にもかかわらず、彼のいう「最終解決」つまり第二次世界大戦までが一本道であることを指し示していると、人びとは気づかなかったのでしょうね。

この悪魔の書が刊行されたのが、昭和史のはじまりと同じときであるとは!? 単なる偶然の一致とすまされない気がします。そういえばフランスの作家アナトール・フランスがこんなことをいっています。「人生においては偶然を考慮に入れなければならない。偶然とはひっきょう神のことになる」(『エピキュールの園』)と。そうなんです、ことによったら神の配剤であったのかもしれません。

◆大正時代後期の世相

ソ連におけるスターリン時代のはじまりが一九二六年十月十八日、とか、ヒトラーの『わが闘争』の全巻が刊行されたのも同じ二六年十二月十一日、とか、探偵はひとりで面白がってかいている、と思われるかもしれません。たしかに、勝手に悦に入っているよりも、「世界史のなかの昭和史」と大きくでているのですから、そのときの日本帝国についてもその都度にふれなければならなかったのです。わかってはいたのですが、いちいち「そのときの日本は」とやっていたのではごちゃごちゃしてしまい、これをわかりやすく面白くかくのは、すでに老骨になっているわたくしの手に余ります。

そこで、ここからは一九二一年（大正十）からの日本についてだけ、長々とかくことになるわけなのです。

ときに大正十年十一月二十五日のことでした。

これはもういつ読んでもア然とさせられる宮内省発表の新聞記事があります。「聖上陛下御容体書」と題された侍医頭池辺棟三郎、御用掛入沢達吉たち六博士の署名のある大正天皇の病患についての発表なのです。

大正天皇（1879–1926、在位1912–26）

「天皇陛下に於かせられては……御降誕後三週目を出でざるに脳膜炎様の御疾患に罹らせられ、御幼年時代に重症の百日咳続いて腸チフス、胸膜炎等の御大患を御経過あらせられ……御記銘御判断御思考等の諸脳力漸次衰えさせられ……殊に御記憶力に至りては御衰退の兆最も著しく……」

そして大正三、四年ごろからは、

「御姿勢端整を欠き、御歩行は安定ならず」

という状態になっていた、というのです。

あらためてかくまでもなく、この天皇の人間性にかかわるようなあまりにも具体的な告知は、いま読んでもウヘェーとなるのみですが、当時の民草はそれはもうわが眼を疑うような思いで読んだにちがいありません。とにかく、あまりにもあからさまに過ぎます。まるで天皇が痴呆になっているかのような発表でした。

それゆえに、午前十一時から宮中「西溜の間」でひらかれた皇族会議も、午後一時「東溜の間」で開催された枢密院会議も、それぞれ満場一致して裕仁親王の摂政就任を決定することになりました。そして午後二時半には、そのことに関する詔書が公布されます。「御容体書」とともに詔書が、各新聞に発表されました。

「朕久シキニ亙ルノ疾患ニ由リ大政ヲ親ラスル事能ハサルヲ以テ、皇族会議及ヒ枢密顧問ノ議ヲ経テ皇太子裕仁親王ヲ摂政ニ任ス、茲ニ之ヲ宣布ス」

その直前の十一月四日に、ときの首相原敬が東京駅で「国賊、国賊」と叫ぶ若い男に刃渡り六寸（約十八センチ）の短刀で暗殺されています。妙な暗雲が漂いだしたがゆえに、新聞はそれを追い払わんとするかのようにこぞって、史上初の摂政であった聖徳太子になぞらえ、「国礎のいよいよ盛んならん」と二十歳の皇太子の摂政就任を慶祝したのです。ところが、祝いとは裏腹に、世情にはどことなく疾風怒濤、荒れ模様の空気が流れはじめていたのです。

――事実、この大正十年十一月から十五年十二月二十五日の大正天皇崩御までの五年間、その予感が証明されるように、さまざまな事件や社会の不穏な動きのあったことにいやでも気づかせられます。歴史年表でみていくと、十一年にワシントン海軍軍縮条約が一部の強硬な反対論を抑えて調印された。海軍内部の一枚岩のような団結がこのときから崩れはじめます。十二年の〝おれは河原の枯れすすき……の「船頭小唄」（野口雨情作詞、中山晋平作曲）の大流行。そして北一輝『日本改造法案大綱』の刊行。その後の日本は奇妙なほどに、北の提言「アジアの盟主たるべし」をなぞるかのように、軍官民が一つになってやみくもに突っ走るようになっていきます。そしてそこに関東大震災。被害全域で死者は十万を超え、損害額は五十五億六百万円（当時）。近代日本が受けた最大の災害です。このときの大混乱に乗じて、社会主義者や朝鮮人に弾圧を加えよ

18歳のころの裕仁親王（のちの昭和天皇、1901–89、在位1926–89）

うとの陰謀が、ひそかに計画されました。そして実際に、朝鮮人虐殺事件や亀戸事件（亀戸警察署で社会主義者十人が虐殺される）が起こっています。さらに摂政宮にたいする狙撃事件（虎ノ門事件）。

あとはずらずらとならべてしまいますと、十三年の日本共産党解党、十四年の全国の中・高・大学での軍事教練の開始、治安維持法の公布、十五年の日本労働組合総連合の結成などなど。病帝と若い摂政をめぐる漠然たる不安が、国民感情に地滑り的な変化をもたらしていったようです。そんな風に思われなくもないのです。

そうしたときに軍部はどうであったのでしょうか？　学者や研究家がかくように、第一次世界大戦（大正三〜七年）後に世界中の国々に生まれた非戦感情や反軍意識が、日本でも大きく広がり、軍人のなかには軍服をぬいで背広で通勤するものもあったほどで、軍部は首を亀の子の如く縮めていた、ということになります。たしかに軍縮が新聞や雑誌でしきりに叫ばれ、ワシントン軍縮条約を結んだ海軍はもとより、陸軍も世論に押され四個師団の削減を実行しなければなりませんでした。そうして溢れた失業軍人を救済するために、学校での「配属将校」による軍事教練がはじまっていたのです。

◆バーデンバーデンの密約

そうではありますが、そのいっぽうで、近代日本の最大のパワー・エリートの集団、いわゆる「昭和の軍閥」の最初の一歩が踏み出されていたのもたしかなのです。でてくるのは陸軍士官学校十六期の三羽烏といわれた永田鉄山、小畑敏四郎、岡村寧次。この三人の少佐がドイツのミュンヘン郊外の保養地バーデンバーデンに集まり、ひそかに密約をかわしました。昭和史を論ずるときにかならずでてくる「バーデンバーデンの密約」がこれなのです。

彼らは論じ合いました。第一次大戦によって証明されたように、近代戦は「国家総力戦」となる。それゆえに世界の各国はつぎの戦争に備えて軍制改革や新兵器開発など軍備充実に力をつくしている。それに敗戦国ドイツの現状をみると、世論の動向というものがいかに戦勢に影響してくるのかもはっきりしている。報道や宣伝や情報といったものがいかに大切か。それこそが総力戦の恐ろしさである。軍隊だけが戦争を戦うものにあらず。それなのに、わが帝国陸軍の中央部の将官たちのありようには目に余るものがある。いまなお、日露戦争の勝利に酔い痴れているとしかいいようがないではないか。自分たちの日露戦争での局所的な戦場での勝利体験を盲信して、白兵戦闘一本槍にこり固まり、大和魂さえあれば大丈夫といった精神主義を払拭できないでいる。それで軍人はいまや不人気の最たるものだ。まさしく日本帝国の明日は累卵の危うきにある。それでは、われわれがいま何をすべきか。

『岡村寧次大将資料』（一九七〇年）に収録されている岡村日記には、その日のことがこう記されています。三人は徹宵議論したあとで結論に達しました。

「派閥の解消、人事刷新、軍制改革、総動員態勢につき密約す」と。

岡村日記にはありませんが、このとき永田は「徒党を組むことは嫌いだ」と反対の意を示したといいます。徒党を組んで既成派閥（長州閥）を倒すことは、つまり派閥の交代でしかない、と永田が強く主張したのです。しかし、二人の説得で、その永田も最後には首をタテにふることとなります。

「人事刷新は自分たちの栄進を目標とする運動ではなく、密閉された空気の中で、窒息しそうになっている陸軍に大きな窓を開けようということが永田にも判ったので、それなら大いに力をつくそうということになった」（高宮太平『順逆の昭和史』一九七一年）

ときに彼らは三十七、八歳。陸大優等卒の俊秀で、永田は長野県、小畑は高知県、岡村は東京都の出身、陸軍主流の長州閥には属していません。それだけに、才能や力量よりも、その出身地のフィルターを通して行われる派閥人事の不合理さに我慢のならぬ思いをずっと抱いてきていたのです。

と、いちばん大事なことをかき忘れていました。この密約が結ばれたのが大正十年十月二十七日、裕仁親王の摂政就任のほぼ一カ月前のことです。彼ら少壮の将校たちの間にはひそかに、大正天皇すなわち彼らの頭領たる大元帥陛下の病状すこぶる篤く、ほとんど軍を統帥する力を失っていることが知れ渡っていたのではないか、そう思われます。

この盟約を結んだ三人のうち、岡村はその年の暮れに帰国し、参謀本部支那班に属し、盟約実現のための同志集め行動を開始。永田、小畑の二人は一年あまり後の、大正十一年から十二年にかけて帰朝します。同時に、三人そろって陸軍中佐に昇進しますが、彼らが久しぶりに接した世の中の空気、そして陸軍内部の状況が、以前とはまるで異なるものとなっていることに、ただちに気づかせられたにちがいありません。

それは、一言でいえば、「天皇は存在するが存在しない」国家、そして「大元帥は存在するが存在しない」軍隊というものでした。摂政宮は存在しますが年若く、明治四十三年（一九一〇）に制定された皇族身位令にもとづき、十五歳のときに陸軍少尉・海軍少尉に任官し、とんとんと進級してきていますが、摂政となったときにはまだ陸海軍少佐でしかなかったのです。大元帥陛下にあらず、したがって厳密にいえば、統帥権を掌握してはいない。ここに少壮のエリート将校たちの暗躍の許される素地がそなわっていたとみるほかはありません。

大正の摂政宮の五年間のあと、昭和時代が幕をあけますが、驚かざるをえないほどすぐに軍事上のはげしい動きがはじまります。昭和二年（一九二七）から三年の第一次、第二次の山東出兵、同じ三年の張作霖爆殺事件とつづき、四年にバーデンバーデンの密約三人組を中心に軍官僚的な中堅将校の集まりの一夕会が結成されています。昭和史を動かした石原莞爾、東条英機、山下奉文、武藤章たちが名を連ねています。そして六年の三月事件（軍事クーデタ未遂事件）、満洲事変とつづいていくのです。

摂政宮時代の五年間に、つちかわれ練られてきた非合法を承知の謀略の動きが、アッという間にその正体をみせてきた、そうと決めてかかるのはかなり無理筋なのでしょうか。いや、案外に的を射ている推理だと探偵は思うのですが。

◆「排日移民法」の衝撃

さてさて、この大正末の五年間に、日本帝国に直接的な、大きな衝撃を与えてきたのは、じつは、アメリカ合衆国のアジア政略のほうでした。しかも、一回や二回ではなかったのです。「プロローグ」でまず独ソの二人の独裁者名をだしたので、視線がそっちのほうに向いてしまい、いちばん肝腎なことを忘れていたような格好になりますが、あわててこっちのほうへと筆を戻さなければなりません。

一九二一年（大正十）三月、アメリカでは「平常への復帰」を訴えたハーディングが大統領に就任し、ここから十二年にわたる共和党政権の時代がはじまります。そのときのアメリカは、前年からの不景気のさなかにあって、失業者は五百万に達するひどい状況であったのです。が、それも翌二二年までで終息し、そしてそれからは未曾有といわれ〝永遠〟とうたいあげられた繁栄の時代へと大きく転換していったのです。

ヨーロッパの列強が第一次大戦のあおりで、なお気息奄々であったときに、いちばんあとから参戦しさしたる傷をうけなかったこの国は、もはや孤立主義という長年の看板をおろさなくてはならなくなりました。資本力や金融力や生産力において世界最強であり、資本と商品の余剰をかかえる大資本主義国家が、国力がぐんぐん膨脹しているのにいつまでもひっこんでいられるはずもなく、いよいよ世界のリーダーとしての〝顔〟をあらわにせざるを得なくなったのは当然です。

その手はじめが、先にもふれたワシントン海軍軍縮条約（一九二二年）といえます。主力艦の保有の米英日5・5・3の比率をきめたこの会議については、『昭和史』ですでにふれているのでくわしくは略しますが、アメリカからみれば、イギリスと共同して日本の軍備拡張を押さえつけ、日本が勝利国として第一次大戦で得た〝漁夫の利〟を少なからず吐き出させること（青島還附）に成功したことになります。日英同盟もこのときに廃棄となり、また九カ国条約（中国の領土保全を保証した条約。米、英、日、仏、中国、ベルギー、イタリア、オランダ、ポルトガルが調印）を結ぶことで、中国における門戸開放を列国に承認させました。これは日本にとっては、遅れて世界戦略にのりだしてきたアメリカが、日本の日露戦争の勝利によって得た満洲経営にたいして横槍を入れてきたと、そうみるほかのないことであったのです。

さらに、日本にとって許しがたいような強硬な政策を、アメリカが突然にとってきました。一九二四年（大正十三）五月に制定のいわゆる「排日移民法」がそれです。それまでにもアメリカは移民制限の政策をしばしばとってきましたが、それらはもっぱら質の面からの制限でした。ところが、こんどの移民法は絶対量に強引に手を突っこんできた激越なものともいえます。しかも、アメリカ国籍をとることも阻む法律まで制定しました。早くいえば、自由の女神に象徴されるように、かつては自由と機会を求める人々の〝避難所〟であったアメリカが、それをヤメタァといったようなことなのです。あまつさえ、日本人・中国人、そのほかの東洋人どもは「帰化の資格を有しない」と突き放し、移民入国を完全に禁止する、という非人道的なことをいいだしたわけです。

このころ、アメリカには（主としてカリフォルニアですが）日本人の移民が十万人以上いました。ハワイにも十万人。この人たちにアメリカから出ていけといわんばかりです。躍進しつつある日本からすれば、この法律は日本を狙い撃ちにしたという意図が明らか、と思わないわけにはいかなかったのです。

少々横道にそれますが、ここでも歴史の皮肉といえるような話があります。日本政府は、このとき厳重抗議の書簡をアメリカ政府に送りました。

「この法令が成立すれば、それは日米間に重大な結果を及ぼすであろう」と。

ところが「重大な結果」が、grave consequence と訳されました。これにアメリカの両議院はますます対日態度を硬化させました。この英訳は〝国際断交〟と同じ意味であったから、というのです。外交に言語上の誤解・誤訳はつきものといいますが、それにしても言葉は恐ろしいですね。

日本の世論はいっぺんに怒りで噴き上がります。『昭和天皇独白録』（一九九一年）でも、昭和天皇は「大東亜戦争の遠因」として、こういっています。

「この原因を尋ねれば、遠く第一次世界大戦后の平和条約の内容に伏在している。日本の主張した人種平等案は列国の容認するところとならず、黄白の差別感は依然残存し、加州〈カリフォルニア州〉移民拒否の如きは、日本国民を憤慨させるに充分なものである。また青島還附を強いられたこともまた然りである。／かかる国民的憤慨を背景として一度、軍が立ち上った時に、これを抑えることは容易な業ではない」

昭和天皇がいうように、このアメリカの一連の政策の動きは、陸海軍部のなかに存在しはじめた対米強硬派にとっては、アメリカの「わが国にたいする軍事的挑発」であり、「深い永続的怨恨を日本人の間に残した」ものとなりました。日本の民草もまた、新聞に煽られて「アメリカをやっつけろ」「政府はただちに宣戦布告をすべし」と叫びだし、その熱気は国じゅうに充満していったというのです。

こうして、日本人のこじれ（？）反米意識が大正末には決定的になっていました。それまでにはなかった国民感情です。そして、世界史的にみれば、昭和の開幕とはざっとそのような、前途に何やら大いなる不安を感じさせるようなときであった、ということになるわけです。摂政の五年間、「天皇は存在するが存在しない」ということのもつ意味を、当時の指導者も民草もまったく考慮に入れようとはしなかったようなのです。

第二話

満洲事変を中心にして

昭和五年〜八年

この章の

ポイント

一九二九（昭和四）年、世界恐慌がはじまり、国際連盟で世界平和を推進していた欧米の列強は、自国経済優先へと方針転換してしまいます。それを好機と見た日本は、三一（昭和六）年に満洲事変を起こしますが、国際社会の反発を招き三三（昭和八）年に国連を脱退してしまいます。同年、ヒトラー首相が率いるドイツも国連を脱退し、二国はそろって世界から孤立するのです。この当時アメリカでは新大統領ルーズベルトがニューディール政策を掲げ指導力を発揮していました。

キーワード

張作霖爆殺／欧米列強／蔣介石／北伐／保護政策／五カ年計画／「日米もし戦わば」／満洲国建国／リットン調査団／国連脱退／ルーズベルト／チャーチル

◆欧米列強の中国進出

拙著『昭和史』（当シリーズ『戦争の時代』）のごくはじめのほうの、〝情勢悪化の昭和の開幕〟の項でこうかいています。

「昭和史の諸条件は常に満洲問題と絡んで起こります。そして大小の事件の積み重ねの果てに、国の運命を賭した太平洋戦争があったわけです。とにかくさまざまな要素が複雑に絡んで歴史は進みます。その根底に〝赤い夕陽の満洲〟があったことは確かなのです」

また、『B面昭和史』（同『戦争と人びとの暮らし』）の昭和三年の時代概説の項でも、その満洲問題にふれて、日中関係のぬきさしならぬところまで険悪化していることについて、こんな風にかいています。

「根本的な解決もないままに、満洲の日本権益はいまや危殆に瀕しつつあるのではないか。しかし、政府は強硬を唱えてはいるが、結局は頼むに足らない。となって、ここに頭をもたげてきたのが日本陸軍。もはや弱腰の政策を黙って見過ごしていることはできないと焦燥にかられ、同志的に結合した陸軍の俊秀たちが積極的に動きだした。／それが昭和三年六月の、満洲の軍閥の頭領たる張作霖爆殺という謀略工作へとつながっていく」

なぜ軍部が、正確には陸軍中央部の中堅が、張作霖を謀殺したのか、その結果、何を日本にもたらしたか。この歴史的事実のもう少し裏側を理解するには、時点をかなり遡って世界史的な観点から当時の中国情勢をみる必要があるのです。となると、のっけからこむずかしい話になりますが、十九世紀の欧米列強による中国進出にも目を通さねばならないことになります。

十九世紀の後半から欧米列強は競うようにして中国（当時の清王朝）につぎつぎに進出してきました。中国側からみれば、列強があらゆる理由をならべたてて「不平等条約」を押しつけ特殊権益を獲得し、これを清朝はなすすべもなくことごとく呑まされている。しかも、列強がその行為を正当化できる理由は優勢な軍事力だけ、ということになるのです。まことに理不尽きわまるゆえに中国人の心のうちには反英、反仏、反ロシア、反米といった強い意識がうまれていました。

イギリスは大連をはじめすべての港湾の管理権、銀行および煙草業の権利、領事裁判権、京奉鉄道（新京—奉天）の借款。フランスは郵政管理権、イギリスと共同した京奉鉄道の借款、領事裁判権。帝政ロシアは遼東半島の旅順・大連の自由な使用権。南満洲鉄道（新京—旅順）と安奉鉄道（安東—奉天）の経営権、鉱山と森林の伐採権など（ただし、これらは二十世紀初頭の日露戦争の結果、すべて日本帝国に譲り渡すこととなる）、そして少し遅れて進出してきたアメリカも石油販売の独占、イギリスと共同した煙草業の権利、為替および銀行業の権利、領事裁判権、さらに鉄道への割りこみと、機会があればただちにそこに手をだしてきました。

　ここでドイツをはずしてかきましたが、早い話が第一次世界大戦での敗北（一九一八年）の結果、その姿をアジアからドイツ帝国はまったく消してしまったからです。そのドイツのもっていた権益はすべて戦勝国で分け合ったことはかくまでもないことです。

　そうした欧米列強プラス〝遅れてきた帝国主義〟の日本の強権的行為になんらなすところのない清王朝に、心底から絶望した中国民衆が革命の挙にでたのは、つまりは当然のこと。それが辛亥革命です。明治四十四年（一九一一）十月のことで、清国政府はあっけなく倒されます。革命は成功したのですが、革命をリードした孫文が大正十四年（一九二五）に、中国を統一することができず「革命いまだ成らず」、という無念の言葉を残して亡くなったあと、中国は各地に割拠する軍閥対軍閥による抗争によってもう千々に乱れてしまいました。記録によれば一九二〇年代には四大軍閥が勢威を誇り、小軍閥は二十を数えたといいます。

　そして日本帝国が権益を自分のものとした満洲では、革命政府軍つまり正規軍が一応はいることはいましたが、じつは正規軍といい、軍閥といい、馬賊あるいは匪賊といっても、単に野にあるか官にあるかの違いであって、要はほとんど同じものであったようです。馬賊の頭領が正規軍に編入されれば、佐官にも将官にも任命されて「われこそは」と胸を張っているだけの話でした。張作霖、張景恵（のちの満洲国総理）、馬占山など、日本人には少しは名の知られたこの連中であっても、いわばまったく同質のものであったのです。

◆蔣介石軍の北伐

ところが、中国本土では、大正十五年（一九二六）七月、孫文の後継者と目されている蔣介石が広東にあって国民革命軍総司令となり、非常に強力になり、弱小の軍閥をつぎつぎにたたきつぶし、同時に北京の軍閥政権を倒すべく、武力討伐の進撃の途につくことになります。いわゆる「北伐」の開始です。

「われわれはいったいだれのために戦うのか？　人民のためである。では何のためにわれわれは戦うのか？　国を救うためである」

先頭に立って蔣介石はそう叫びました。そして二カ月後には漢口、武昌をふくむ揚子江（長江）一帯を占領するという快進撃を示すのです。統一中国の気運が南中国から濃厚となり、列強はそれぞれの租界の防備を固くせざるを得なくなりました。

このとき、日本では憲政会の若槻礼次郎内閣が政治の舵をとっていました。そして対中国外交は、外相幣原喜重郎の頑固ともいえる政策「対中国問題にかんして内政不干渉」を固持していました。これを野党や軍部はもちろん、世論も加わって、「軟弱外交」として罵る声のみが次第に大きくなっていきます。それに反撥するかのように中国では反日・排日の声がいっそう強まっていき、小衝突も起き、満蒙問題の解決が日本では焦眉の急のごとくにいわれだします。しかしながら、北伐の根本には、統一を何とか達成しようという中国人の強い意志があり、そしてナショナリズムの高揚があった、ということについては、どう考えても当時の日本人は理解してはいなかった。いつものようなゴタゴタの内乱、いつものような権力闘争、いつものような内輪もめとしてしか考えていなかった、といえると思います。

しかも第一次世界大戦がはじまったとき、列強がアジアどころの話ではなく、対中政策を後退させていきます。が、日本はこれをチャンスとばかりに中国に対する圧力を強めたのです。大正四年（一九一五）の対華二十一カ条の要求がその典型といえます。中国人は歴史はじまっていらいの最高に屈辱的な出来事としてこれに怒りを爆発させ、それまで諸外国に向けていた抗議やら抵抗の運動をすべて日本に集中させるようになり、いわゆる反日・排日の猛烈な抗議運動が日本一国に向けられるようになっていました。

こうして対外的に中国をめぐってアジアの歴史が大きく転換しようとしているときに、大正が終わって昭和がはじまったのです。また、国内では大震災以後の経済的に危機的な状況にあり、いや、世界的にも第一次世界大戦後に襲ってきた不景気で各国が汲々としていましたから、わが国にとっては内外ともにさまざまに錯雑し解決の容易ではないときの新時代の開幕であったのです。しかも、蔣介石政府の北伐はより勢いを強めているとき。

一つ余計なことをつけ加えておきます。よく調べてみると、焦眉の急の満蒙問題とかきましたが、それは政治指導層や陸軍中央のエリート参謀たちにとってであって、昭和開幕のころの日本の民草にとっては、どうやらそれほどに痛切な関心のもてなかったことのようなのです。民草のもっぱらの関心は経済、要するに不景気のほうに向いていました。対華二十一カ条いらいのほぼ十年、反日・排日という言葉すらがさして刺戟を与えないものになっていたようなのです。日中とくれば排日はいわば日常茶飯。毎日のように新聞がくり返しているうちに衝撃も関心もやわになっていたのです。

もちろん、大正末ごろの日本商品のボイコット運動や、居留民にたいする中国人の暴行など、新聞はいちいち国民に伝えてはいましたが、そのニュアンスは、ひとしく中国人が日本人に無礼を働くといった調子でした。そしてそれを読んで民草は怪しからんにも程があると敵愾心をつのらせる、なかば侮蔑を加えながら。

欧米列強と違い、日本のいわゆる植民地政策というものはまず人間を現地に輸出することが多かったので、摩擦は人間対人間、ケンカから殺害へと、血で血を洗うような様相を呈することにどうしてもなったのです。それが報ぜられると、中国人何するものぞ、の日清戦争いらいの「チャンコロ」蔑視と優秀大和民族意識が次第に高く頭をもたげ、しかもいけないのは事件が起こるたびに「暴戻支那」が喧伝され、「暴支膺懲」(うちこらしめる)の声が高く叫ばれるようになっていた。感情論です。中国のナショナリズムを理解せよといってもそれは無理なことであったと思われます。くり返します、そんな状況下での昭和開幕であったのです。

◆大国アメリカの理想主義

まことに恐縮ながら第一話の大正末の五年間のおさらいのような話になりましたが、やっぱり第一次世界大戦後の中国における列強プラス日本の勢力図というものをしっかりと描いておかないと、昭和日本のスタートのころの理解がいきとどかなくなります。

ともかくこんな風に、たとえば南満洲は日本の勢力範囲、遼西・熱河はイギリスの勢力範囲、ソ連は北満洲と蒙古を勢力範囲、という具合に、列強プラス日本はそれぞれ相拮抗して勢力範囲や権益を保持あるいは拡張しようとしていました。このために中国のもろもろの地方軍閥との衝突や紛争はしょっちゅうであり、かと思えば互いに謀略的に突如として手を結んだりして、それが絡みあってややこしいことになっていたのです。

それが昭和へと年号が変わったころから微妙に変容してきます。すでにふれたように大戦での敗北の結果すっかり姿を消したドイツ、それに革命後の新国家の整備に全力を傾注しなければならないソ連、さらに戦勝国になったものの戦争の後遺症もあり昔日の面影のないイギリスとフランス、そしてイタリア。これらの国々にたいしてアメリカのみがひとり稜々たる勢いをみせはじめてきました。

早くいえば、アメリカをのぞく各国はすべて債務国でした。ですから、フランスとイタリアはドイツから賠償をガンガンとりたてるほかはない。そのドイツの賠償金はアメリカが貸していた、ざっとそんな具合でした。

これは統計表をひっくり返せば一目瞭然となります。昭和四年（一九二九）、ウォール街の大暴落の直前の数字ですが、その総生産高が世界の総生産高の三四・四パーセントを占めて、アメリカは世界一の座につきます。ちなみにイギリス一〇・四、ソ連九・九、フランス五・〇、そしてわが日本帝国は四・〇（それぞれパーセント）。ついでにいえば、アメリカにはじめて自前の文学が誕生したのもこのころです。ドライサー『アメリカの悲劇』（大正十四年）、フォークナー『兵士の報酬』（大正十五年）、シンクレア『ボストン』（昭和三年）、ヘミングウェイ『武器よさらば』（昭和四年）、などと綺羅星のごとく。いや、ろくに読んだこともない小説もあるのに、得々としてかくのはやめますが、ともかく前例のない壮大な繁栄ぶりを示し、新しい世界秩序の形成へとアメリカが率先してのりだしてきていたのです。

それが第一話でちょっとふれたワシントン海軍軍縮条約を基本とするいわゆるワシントン体制というものでありました。中国の門戸開放を世界に約束させた九カ国条約をご記憶かと思います。それと大正九年（一九二〇）一月に発足した世界初の平和機構である国際連盟も、アメリカ大統領ウィルソンの主唱によったものでした。日本もアジアを代表する〝大国〟として、イギリス、フランス、イタリアとともに常任理事国の一角をしめ、そこでの活躍を期待されていました。が、当のアメリカが、孤立主義の伝統になれてきた人々の、連盟への加入によってアメリカの利益が奪われるのではないかという声に押され、肝腎のウィルソンが病で倒れて再起不能となってしまったためもあって、議会はこれを批准せず参加しないこととなる。さらに革命ロシアや敗戦国ドイツも排除されましたので、はじめから国際連盟は少しく偏頗なものにならざるを得なかったのですが。

何の本で読んだのか記憶にはまったく残っておりませんが、当時ウィルソンがいったという言葉が、妙によみがえってきます。二十世紀の名言のなかに入るのではないでしょうか。

「勝者なき平和でなければならない。勝者も敗者もない平和だけが長続きするのだ」

この言葉に初めて出会ったとき、さすがにノーベル平和賞に輝いた政治家だけのことはあるとえらく感服したものでした。それでいまもぽつんとこれだけを覚えているのでしょうか。

さらに昭和三年（一九二八）八月に米・英・仏・日・伊・独・カナダなど十五カ国によって締結されたパリ不戦条約のことも特筆しておきます。はじめはフランス外相ブリアンがアメリカとの二カ国だけの条約として提案したものでしたが、米国務長官ケロッグが「もっと広く世界平和のための一般条約にすべきである」と主張して、いってみれば世界的な条約となったものでした。これもまた、躍進の大国アメリカの自信の裏付けがあってはじめて成ったものといえるかと思います。

「第一条　締結国は国際紛争解決のため戦争に訴えることを非とし、かつその相互関係において国家の政策の手段として、戦争を放棄することを、その各自の人民の名において厳粛に宣言する」

いかがでしょうか。非戦と戦争放棄、どこかで読んだことのある文言ではありませんか。そうです、戦後日本の新憲法の第九条です。人類永遠の理想ともいうべき世界的なとり決めであったと思いますが、違反にたいする制裁規定は一行もありませんでした。

こうしてアメリカは第一次世界大戦で疲弊しきった世界に平和的な新しい秩序をつくろうと、じつに積極的に力をつくしていました。のちにいう「世界の警察官」たろうとしていました。それができるだけの国力が充実していたのは、もう羨ましいかぎりであったといえます。同じ昭和三年十二月四日、時の大統領クーリッジが議会で声を大にして弁じています。

「わが国の企業や産業が生みだし、経済が貯えた莫大な富は、国民の間に広く分配されるいっぽう、国外に着々と送りだされ、世界の慈善事業やビジネスに役立っております。（中略）わが国の現状はまことに満足すべきであり、将来にたいしても楽観的な期待を寄せることができるでありましょう」

もちろん、歴史に「もしも」はありません。そこをあえてここで「もしも」と考えることとして、もしもこの〝持てる国〟アメリカの繁栄がグローバル的にさらに大きな影響をもたらしつつ、より長期間にわたってつづいたならば、です。新しく登場してくることになる強圧的な全体主義勢力すなわちスターリンのソ連とヒトラーのナチス・ドイツの強力化を、あるいは押し戻すことができたのではないか、そう思えてならないのです。

◆現実主義への変容

ところが、またしても歴史の皮肉をもちだすわけではありませんが、昭和四年（一九二九）に「ネイション」誌が繁栄の永続性についての連載シリーズをはじめ、その第一回の記事が載った十月二十四日、まさにその日にウォール街の株の大暴落が起こったのです。暗黒の木曜日として年表には大きく記されています。この大暴落はたちまち地球規模に波及して、それでなくても傷んでいた世界各国の経済を崩壊させる瀕死の大不況となりました。それがアメリカが先頭に立って予想した「自由・開放経済体制」の地球規模の維持・発展をたちまちにして不可能にしてしまったのです。ただそれは一挙に来たわけではない。その根本は、じつは、アメリカが国家政策を、暴落を契機にガラッと変えてしまったことにあるのです。

ちょっと丁寧にみてみますと、たしかにアメリカ政府の「春になればふたたび繁栄が戻る」の楽観は、突きつけられた深刻な事実によって粉砕されました。恐慌はつづいて字義どおりアメリカ全土にひろがり、国民生活の全領域に大打撃を与えました。それは由々しき大事です。そうすると、たちまちに、わがアメリカがやらなければならないのは、世界平和のための献身とやらの立派なことではなく、国内優先の保護政策なんだ、となぜか政府も国民もそっちのほうを選択するようになる。じつに不思議なくらいアッサリと。国家はそれぞれ利益を追求する。その現実に歩調を合わせて国を守っていればいい、余計なお節介の要なし、という現実主義に政府も国民もさっさと走る傾向がアメリカという国は強いようなのです。

ウィルソン流の理想主義は吹き飛んでいきました。平和主義の旗振りなんかクソ喰らえで、現実主義が大道闊歩となります。理想的なことばかりいっていては何も解決しない、得にもならん、という声が大となって、アメリカは世界新秩序のリーダーの位置からさあーと引っこんでいき、せいぜい採れる政策となればモラトリアム（対米負債支払い延期）ぐらいであり、それ以上の政策をとることは不必要ということになりました。世界政略の大転換です。

さらにいけないことは、これを見習うかのように、主要資本主義列強はつぎつぎとそれぞれの立場から自国保護政策の採用へと衣更えしていくことになったのです。よその国のことなんかどうでもいい、自分の国が大事と、そんな世界が到来するなどとは数年前にはだれもが思わなかったのに、というわけです。

アメリカのこの保護政策への転換、この年に大統領となったフーバーはその政策を極端にまで強く推し進めます。それはたしかに世界的な「時代の節目」を示していた、といまになればいうほかはありません。しかし、「時代の節目」というものは、その規模が大きすぎるとき、渦中にあるものにはなかなか気づかない、わかりづらいもののようです。その根底には、「きっと大したことにはならないはずだ」と、主観的・希望観測的に解釈してしまう人間の心理的特性というものがあるからでしょう。

こんなことをかいていると、ふと、アメリカにトランプという強烈に保護主義的というか万事計算ずくの自国本位の政権が誕生したことは、これまた「時代の節目」というものではないか、との連想が湧いてきます。トランプ大統領のいう「偉大なアメリカ」とは、世界でもっとも豊かで、強い、自国だけよかれの超然たる国家というイメージなのでしょう。貿易における自国保護主義や軍事外交における孤立主義を徹底化する。そして一国だけのわが世の春を謳歌する。オバマ大統領の八年間の“change”が理想にすぎたからといって、アメリカがはたしてそういう政策に走りつづけていくのか。

いやはや、「歴史はくり返す」といっているのではありませんし、安易にアナロジー化するのは危険です。そうかきながら、やっぱり歴史に学ぶことは大事だなとの思いを深くしています。もしも昭和五、六年ごろのように、世界各国がアメリカを見習って、国家主義的な自国保護の政策をいっせいにとるようになったならば、かつてのナチス・ドイツや軍国主義国家の日本帝国のような、これを絶好の機会とみて国際法を平気で踏みにじる国がいくつもでてきて、余計な野心を燃やしたりするのではないか。そんな心配が消せないでいるのです。

◆五カ年計画と中ソ紛争

昭和史に戻ります。こうしたウォール街の暴落後のアメリカのいわゆるモンロー主義化と、それにともなう資本主義列強のいっせいの自国防衛主義という世界情勢を、じーっと凝視めていたものがいました。それは日本陸軍、とくに中央部の中堅の秀才グループではなかったかと思うのです。

この直前からかれらは真剣な議論をことあるごとに重ねてきました。そうしているとき、この世界的には「時代の節目」に直面したのです。そこでみちびきだされた結論が、満蒙の武力確保をやるのなら世界列強が自国にのみかかずりあっているいまがチャンスだ、というものであったと思えます。軍制改革や国内革新がそれより先だという声ももちろんあったでしょうが、とどのつまりは満蒙確保を達成するための条件としての国内革新である、であるゆえにまず満蒙だ、というところに彼らの意思は落ち着いていった、といっていいようなのです。

つまり、陸軍が満蒙の確保を、とくに焦眉の、切実な問題としたのは、まさしくこの時期であった。もちろん背景の第一には「大学は出たけれど」の流行語に象徴される国家的貧窮がありました。けれどもそれ以上に武力を使ってでも確保をと考えだしたことには、まず帝政ロシアの崩壊があり、さきほどふれたような世界情勢の変化があったとしたほうがいいように思われるのです。

では、満蒙確保の強硬策にでた場合、革命後に成立したソ連をはたして脅威とは思わなかったかの疑問が当然のことでてきます。日露戦争いらい長期にわたって対ロシア作戦が陸軍の第一目標でした。その帝政ロシアが革命をへてソ連邦と国のかたちが変わったので、明治末いらい練ってきたその対ロシア作戦は一応消滅したことになりました。その後も対ソ連の作戦計画がたてられているのはもちろんですが、それはむしろ帝政ロシアが倒れたのであるから陸軍兵力を縮小せよという世論を封ずるための、いわば政治的な含みのほうが多分にあるものでした。

ある意味ではホッとひと息ついたときが陸軍にちょっと長くつづいていた、といえるかと思います。しかも大正十四年（一九二五）一月には、レーニン死去一周年を期して日ソ復交のための条約が調印され、革命いらい七年余にわたって中断し、その間にシベリア出兵やニコライエフスク事件（尼港事件。一九二〇年三〜五月、ロシアのパルチザンによってニコライエフスク港にあった日本守備隊と居留民の約七百人が殺された）などいまわしい事件を起こして悪化していた両国の関係がようやく正常化し、陸軍をいっそう安堵させたようでした。そして軍事的には少々余裕のある状況で昭和になったのです。

こうして満蒙の確保を中心議題に、スターリンが新指導者となったソ連の動きを頭の片隅におきながら、少壮の秀才グループが議論を白熱化しはじめたころ、当のソ連は、つまりスターリンは、革命干渉戦争を切りぬけ、五カ年計画による国家再興にむかって全力を傾注していました。かつての後れた農業国を近代的な工業国につくり変えねばなりませんし、国防力の強化も緊要な課題です。そしてシベリア開発も大事とされていました。その国力回復のための指導者としてのスターリンの存在は、いまや盤石の重みを加えていました。機関紙「プラウダ」一九二九年十二月二十一日付のスターリン生誕五十周年にあたっての社説はこうのべています。

「党が農業の社会主義的改造〈全村集団化＝コルホーズ〉に移ったのは、スターリン個人のイニシアチブによるものであって、スターリンはレーニン主義のもっとも秀れた理論家であり、全世界で多くの強敵にたいして勝利を目指して戦っている労働者階級にとって、なくてはならない指導者としての資質をそなえた政治家であり、組織者である。……」

こうした賛辞を一身に浴びながら、スターリン自身も国内分裂を避けつつ抑えつつ、ともかくすべての力を五カ年計画の達成に注がねばならなかったのです。

この計画は昭和三年（一九二八）十月からはじまったのですが、スターリンにとっては、つまりソ連にとっては、その完成までは対外的には安定静謐が必要となっていたのです。しかも革命を白眼視する英米仏を中心とする西欧列強との関係はなお不安定である上に、蔣介石の国民党政府とは国交断絶的な状態にありました。さすがのスターリンも昭和の初めごろのこの孤立状態は頭が痛かったに違いありません。この上に強国化しつつある日本帝国と衝突しておかしなことになるのは避けねばならなかったのはいうまでもありません。

ソ連がそのようないわば八方塞がり的な状況下で五カ年計画に着手したことは、日本陸軍の秀才グループには明瞭に見えていました。ならば、やがて脅威となるであろうこの計画の完成をみる以前に、満蒙の確保である。と、議がまとまりかけたとき、満洲の張学良政権が「共産党狩り」と称して北満各地のソ連総領事館のいっせい手入れをし、とくにハルビンの総領事館では総領事以下三十余名を逮捕する暴挙にでたのです。これをさすがにソ連は黙視しているわけにいきません。スターリンは国交断絶を正式に宣言し、満洲里に大軍を集結して、空軍援護のもとに大反撃戦にでる。そしてソ連軍は満洲里で中国軍を壊滅させます。さらにハルビンをはじめ、東支鉄道の要衝をすべて軍事占領してしまう。これが昭和四年七月の中ソ紛争という小戦争です。

◆石原莞爾の戦略戦術

日本陸軍にとって、この小戦争はソ連の軍事力が奈辺なものかを知る絶好の教材となりました。戦闘は短期間でしたが、含蓄の多い戦いであったといえます。爆撃と残虐ともいえる巨砲を使っての地上戦で勝利をおさめると、すぐにソ連は原状回復と公表して、張学良のメンツをたてるような行動に移り、さっさと軍を引きました。という事実は、ソ連軍は強いことは強いが、ソ連という国家の戦力はまだ完全には回復しておらず、と判断することもできる。なれど、もてる資源を投入して五カ年計画にひたすら集中しているその建設力はやはり将来の恐怖とすべきであろう。そしていまの中国は完全に無力であり、外国の圧迫には抵抗し得ないことが改めて証明された。秀才グループにはそのようなことが強く印象づけられたのです。

あっさりとかきます。そうした判断にもとづいて、石原莞爾中佐、板垣征四郎大佐を中心とする関東軍の幕僚たち、朝鮮軍参謀の神田正種中佐、そして参謀本部の重藤千秋大佐、橋本欣五郎中佐たち、これら満蒙確保の強硬派ともいえる同志が綿密な連絡のもとに、練りに練り上げた作戦計画、そしていまがチャンスとそれを実行に移したのが昭和六年（一九三一）九月の柳条湖における満鉄線の爆破、すなわち満洲事変の勃発というわけです。

陸軍中央部の指導層つまり将官たちには寝耳に水の突発事でありました。まさか、連中がやってのけるとは、という思いであったでしょう。彼らは本能的に共産主義にたいする嫌悪感と恐怖感とをもっていましたから、事変の拡大を望みません。ソ連が黙って看過するはずはないと、事変が勃発したあとも強い警戒感をもって、関東軍の作戦に掣肘を加えてきます。

しかし、いまならばソ連は敵対意志と実力をもたずと判断する関東軍は、中央の意向を無視して強引に北満への進出までを企てるのです。山口重次『悲劇の将軍　石原莞爾』（一九五二年）によれば、主謀者の石原の心中は、中央部が何といおうと、対ソ戦略態勢を有利にするためにも、一刻も早くハルビンにでて北満を確保すべきである、ソ連は準備不足で出てこない、このときを失すると、永久に有利な態勢を日本がつかむことはできない、というものであった、ということです。それはもう石原の見事な戦略眼と作戦構想というほかはありません。昭和七年（一九三二）の終わりごろまでには、関東軍はぐんぐん北満に進出していき、熱河省をのぞく満洲のほぼ全域を、あれよという間に確保してしまうのですから。

北伐実行中の兵力をもって蔣介石の国民政府軍が、不法な日本の侵略にたいしてなぜ果敢な抵抗をしなかったのか。はっきりいって日本軍どころの話ではなかったからです。全兵力をもって毛沢東の共産党軍との戦いに集中していなければならず、また汪兆銘指揮軍が南京に迫り苦闘している。そちらへの手当てにも追いまくられている。とても満洲の曠野で日本軍と闘う余裕などなかったのです。

この満洲事変の詳細については『昭和史』で石原中佐の構想を中心にかいていますので簡略にしますが、昭和七年一月の錦州占領、二月の待望のハルビン進駐、さらに三月の満洲国の成立と、関東軍がつみ重ねる既成事実が陸軍中央部を引きずり、政府を引きずって進められていくのです。それにつけても、蔣介石軍はともかく、ソ連がよく日本軍の背信的ともいえる侵出を黙ってみていたものよと思わざるを得ません。事変が起きたとき、ソ連軍部のなかに満洲出撃の強硬意見もでたらしいのですが、スターリンがこれをきつく抑えてそれらしい動きを毫も外へはみせなかった。スターリンの政策は、いまは何をおいても日本との友好関係を維持し、これと衝突するのを避けることに集中されていました。ソ連は出てこないという秀才グループ強硬派の判断が正しかったというわけなのです。それが証拠に、というわけではありませんが、政府も陸軍中央部も成功とみるやたちまちに関東軍の作戦行動を追認し、事変は中国側の「挑発行為」であり、関東軍は「自衛のため」起ったのだと世界に向かって釈明するようになったのですから。

話の都合もあって宙をすっ飛ぶように満洲全域の確保までかいてしまいましたが、その前に上海事変がありました。これも『昭和史』で説明ずみなので、簡略にしますが、昭和七年の年明けごろから国際連盟理事会を通じて厳しくなってきた国際社会の目を満洲からそらすために、一月二十八日に陸軍によって仕組まれた謀略による突発的戦闘でした。しかし、昭和天皇の強い停戦の命令もあって、拡大することなく中国軍が退却するとすぐに、すなわち三月三日には停戦になります。

と、そう簡単にかいてすますわけには、じつはいかない問題がこの上海事変にあったのです。戦火が上海に揚がったということは満洲の曠野でのそれとは異なる反響を世界の列強に与えたからです。列強の中国における権益の八割方といっていいくらいが上海に集中していたゆえ、ここが戦火に包まれるということは重大事なのです。とくにアメリカとイギリスです。租界もある、居留民も多くいる、その重要な拠点での戦闘は、安易に傍観してすますわけにはいかないほどに両国を刺戟します。その対日態度を硬化させてしまう。このことは日本政府のもっとも憂慮していたことであったのですが。

◆アメリカの小さな〝反撃〟

ところで、また前に戻りますが、満洲事変の起きた当座のアメリカですが、アジアにたいする関心はどちらかといえば薄かったようなのです。フーバー大統領をはじめ政府閣僚はみんな自国の景気対策にのみ視線をそそぎ、はるかに遠い満洲なんかの動向を気にしてはいなかった。満洲事変の第一報がワシントンにとどいたとき、閣議はイギリスの金本位制離脱の問題だけでもう侃侃諤諤、日本の野望についてなど話題にもならなかったといいます（『太平洋戦争への道』第二巻)。

それは当然のことであったかもしれません。失業者数の統計をみれば一目瞭然で、昭和五年(一九三〇)春には約四百万、一年後には八百万、七年春には一千万を超えているのです。六年から七年にかけて、公園で夜明かしをする女性、靴みがきとなった元サラリーマンの姿など、少しも珍しくなくなっていたといいます。六年秋、最大の鉄鋼会社U・S製鋼が一六パーセントという大幅の賃下げを断行しています。

そんな不況下ではフーバー政権は満洲なんかに強い関心をもてなかったのもよくわかります。が、六年十月の日本軍の錦州爆撃にさいしては、国務長官スティムソンはさすがに憤激して「これはわが国が承認しがたい侵犯である」と最初に不戦条約を破った国として日本にたいする抗議を公表しました。日本が国際連盟で主張している「不拡大」も、「自衛」という口実も踏みにじる〝侵略〟でしかなかったからです。さらに、上海事変ではそうはいかなかったのはすでにふれたとおり。それに加えて七年三月一日に全満洲確保の方針を完了した日本が、上海事変のどさくさに紛れるようにして、満洲国という傀儡国家を建設すると、アメリカ政府も憤激の色を隠さなくなりました。とくにスティムソンが「日本信ずべからず、これは明らかに連盟規約、九カ国条約、不戦条約違反の侵略戦争である」と厳重抗議を日本に叩きつけてくる。そして非加盟国でありながら、蒋介石の提訴をうけてひらかれようとしている国際連盟の理事会に、オブザーバーとして出席するという積極的な態度をみせるようになったのです。

日本にたいするイメージがアメリカではぐんぐん悪くなっていきます。輿論もがぜん硬化します。上海におけるアメリカの利権が危機にさらされているという現実的な利害はもちろんあります。が、それ以上に弱いもの（中国）が悪漢（日本）にいいようにいじめられている、許しがたいことだと、新聞が煽りだしたことにアメリカの輿論はついていくようになった。

アメリカ海軍がこれに微妙に反応しました。スティムソン国務長官がやたらに尻込みするフーバー大統領を説き伏せて、抑止力強化という名目で、大西洋にあった偵察艦隊（Scouting Force）を太平洋に移動させることを決定する。そしてハワイを根拠地とする戦艦部隊（Battle Force）と合同、太平洋で大々的な春期戦闘訓練をやってのけるという〝反撃〟にでたのです。このときにかぎって報道陣の乗艦を許さず、と例外的な処置をとったため演習の詳細はわかりませんでしたし、やむなく日本海軍も見守っているより仕方がありませんでした。

ところが、演習を終えたあと、偵察艦隊は大西洋へ帰航する予定をとりやめ、九月末まで太平洋に残留すると、米海軍が五月に発表しました。日本海軍はこの発表に愕然とした、とかいってもそれほど間違いではないでしょう。フーバー政権の静観主義の政治方針からは考えられないような強硬策とも思われたからです。アメリカが「仮想敵」から「真正の敵」としての姿をあらわにしてきた、とも判断されました。そして移民法のときに芽生えたといっていい日本人の反米意識がここでまた大いに盛り上がりました。日米戦争のあらぬ風説が突如として巷に流れだす。また出版界では専門家とアマチュア戦術家とりまぜた「日米もし戦わば」本がつぎつぎに刊行されました。

ちょうど同じころ、駐日アメリカ大使として着任（七年六月六日）したグルーの、有名な日記『滞日十年』が、当時の日本の情勢について興味深いことをいくつもいまに残してくれています。その一つ、九月三日の項の一部を少し長く。

「〔いまの日本は〕自由主義的の政治家は、無に近い力しか持っていず、軍備はどん〳〵進行している。国際連盟の報告が有利でないことは期待しているが、一番大きな邪魔物は米国だとみなし、現在のところソ連との摩擦は話題にのぼっていない。／私は知性のある人々としての日本人が、満洲の自己決意というような明白なウソの前提を本心から信用することがどうして出来るのか、これはわれ〳〵としては信じられぬことだが、彼らはこの一連の行動を、自衛上のそれではないとしても、最高な国家的利害関係であると見、この観点に立って、もし必要ならば戦争もしようという心構えである……」

来日いらいそれほど日時が経っていないのに、得たさまざまな情報や自身の観察から、グルー大使はこれだけのきびしい判断を日本に下しているのです。当時の日本に充満している〝空気〟がいかに殺気立っていたかが十分に察せられるのではないでしょうか。「必要ならば戦争もしよう」とそんな決意が民草にまさかあったとは思えませんが。

◆「日米もし戦わば」

とにかく、そんな殺伐とした〝空気〟のよくわかるものに出版物があります。「日米もし戦わば」という主題の単行本が書店の棚を飾っていました。そしてベストセラーとなったこうした未来戦記が、〝持てる大国〟アメリカにたいする恐怖と敵愾心をいっそう煽り、どれほど対米危機感を強めていったことか。そしてその危機感をさらに煽るような本がまただされる。こうなると相乗作用です。笑いごとではなく、それはまた日本人をよりはげしい被害妄想感にからめとっていったのです。

昭和七年に刊行された「日米もし戦わば」ものは相当の数にのぼるのですが、一例としてそのいくつかをあげてみることにします。丸カッコ内は刊行月です。

池崎忠孝『太平洋戦略論』（二月）
伊達竜城『日〇もし戦はば？』（二月）
匝瑳胤次『深まりゆく日米の危機』（三月）
福永恭助『戦ひ』（三月）
宗孝社編『覚悟せよ！次の大戦』（四月）
仲摩照久編『日米戦う可きか』（四月）
石丸藤太『昭和十年頃に起る日本対世界戦争』（五月）

鈴木亨『日本危し』（五月）
中島武『日本危し！太平洋大海戦』（六月）
池崎忠孝『宿命の日米戦争』（七月）
匝瑳胤次『日米対立論』（十月）
水野広徳『打開か破滅か興亡の此一戦』（十月）

ついでに雑誌「文藝春秋」の目次から、ごく目ぼしいものをいくつか。これらの諸記事のようなものは「改造」にも「中央公論」にも毎号かならず掲載されていました、念のために。

四月特別号＝「上海事件と世界大戦座談会」。出席者は石丸藤太、福永恭助、平田晋策といったお歴々に加えて、参謀本部から根本博中佐が顔をだしています。またこの号には、神川彦松の論文「十字路頭に立つ日本外交」も載っていました。

七月号＝「太平洋攻略戦術」という特集で、石丸藤太「ハワイ攻略」、水野広徳「加州（カリフォルニア）攻撃」、平田晋策「フィリピン攻略」など、かなり具体性をもって危険なことにまで手を突っこんでいます。

九月号＝「荒木陸相に物を訊く座談会」、菊池寛と直木三十五を聞き役として皇道派の重鎮の荒木貞夫大将が、いかなる国であろうともわが国の進路を阻むものあらば、残らず撃破してみせると怪気焰をあげています[*1]。

しかし、結局はフーバー大統領のいわゆる「アメリカ・ファースト」主義といった引っ込み政策が、この日本人の熱気にも水をかけることとなり、アメリカはそれ以上に強い反日行動にはでず、日米危機ともいえる状況はひとまずおさまることとなりました。それがいつとハッキリいえませんが、中国のために日本と戦う危険をおかすのは愚策もいいところであると、アメリカの輿論はその点で大統領の政策に同調していたのです。それにつられるように、日本の輿論も、アメリカ政府が偵察艦隊は八年一月までに大西洋に帰航するであろうと穏やかな発表をしたことで、これもまた「ヤレヤレ」とばかりにいつしかすうーと沈静していきました。

グルー大使は『滞日十年』十二月二日の項でこうかいて、ホッとした思いを明らかにしています。

「現在のところ新聞の反米運動は、事実上消滅しました。私は某〔西園寺公望あるいは牧野伸顕?〕がこれに関係していると考えたし、また天皇自身からもこのような意味の命令が、何か出されたのであるまいかと思います。最近陸軍省の新聞班が全部更迭したのも注意すべきです。新たに新聞班勤務を命ぜられた将校の一人は、（中略）当大使館の陸軍武官がニコニコしながら、君が新聞の反米運動をやめさせてくれることを希望するといったら、彼はそれこそ正に自分がしようとすることだと返事しました」

おそらく、この日本陸軍の将校は本間雅晴大佐であろうと推察されます。対米英協調派とみられる本間の新聞班長異動は、七年八月のことであったからなのですが、あるいは読み込みすぎかもしれません。

ともあれ日米危機が去ったことは目出たいことでした。といって喜んでばかりいられないのがほんとうのところなのです。たしかにやみくもに燃え上がった反米感情がおさまり、戦争熱はどうやら終熄しましたが、そのウイルスはそこで死に絶えたわけではなく、日本人の心奥に潜在的に生き残ったといえるのです。すべてが丸く収まったといったような楽観ではすまされなかったのは、このあとの昭和史の歩みをみれば明らかなこと。戦争への芽生えはすでにあった。一時的であれ熱狂的になることの恐ろしさを、やはり教訓とすべきではないでしょうか。

◆満洲国建設への道程

日米危機の話にのめりこんで七年暮にまで筆がきてしまいましたが、昭和六年の初めにまでテンスを戻します。日本軍の満洲への武力進出にたいして国際連盟が満洲事変解決のための実情調査団を派遣することを決したのは、よく知られています。この調査団をリットン調査団（正しくは国際連盟調査委員）とよんだこともご存じのとおりです。

話がいったり来たりするのは、国際情勢が並ぶようにして順番にそうテンポよく進まないため、と自分の不手際を棚にあげて、他人のせいにするのはよくないのですが、事実そうなのです。改めてかくまでもなく、この調査団派遣は、蔣介石政府の提訴にたいして国際連盟が応えたものです。提訴が六年九月二十一日、なのに連盟が派遣を決定したのは年も押しつまった十二月下旬のことでした。第一次大戦後ずっと穏やかにつづいてきた世界秩序を乱すような戦火が突如としてアジアに燃え上がっているのに、平和のための国際的な機構である国連がモタモタと議を重ねていたのは、ある意味ではヨーロッパ列強をはじめ世界各国が自国第一主義の政策にからめとられていたことの証といえましょう。

ともあれ派遣がやっと決定され、調査委員の選任となり、またモタモタします。事務総長ドラモンドが、日本からの抗議を押しきって、非加盟国のアメリカとソ連にも調査団事業に参加を求めます。アメリカはすぐに参加を表明して委員をだしてきましたが、問題はソ連でした。いろいろと理屈をつけて返事を渋り、しかも再三の懇請に、「ソビエト政府は厳正中立の政策をとっている」と厳としていい、これをとうとうキッパリ拒絶するという始末なので、時間をおびただしく食いました。日本とは小さな衝突も起こさないというスターリンの一貫した、強烈な意志がよくわかる不参加でした。

こうして成立したイギリスの貴族リットン卿を団長に、米、英、独、仏、伊の五大国からなるリットン調査団は、七年二月末日に日本に到着し、東京で日本政府や軍部の要人、実業界の有力者などと面談してから中国へ向かいます。上海、南京、北京（当時は北平）などの聞き取りをへて、満洲の地を踏んだのは四月二十日で、ここで一カ月余の現地調査を行いました。しかし、彼らが満洲の地を踏んだときはすでに満洲国ができあがっています。満洲国建国宣言が世界に発表されたのは三月一日のこと、さぞ調査団の面々は、素早く進められた事態に心のうちで驚愕し、日本のやり方に憤慨したことであろうと思います。

（左から）熙洽、張景恵、蔵式毅、馬占山が一堂に会した満洲国建国の記念写真

ところが、その日本は「王道楽土」「五族協和」を高く唱いあげ、あくまでも中国人自身が自分たちの意志で、南京政府と分離し独立国をつくったのであると主張していました。関東軍は裏方に徹して表立つようなことをしませんでしたが、この新国家は所詮は日本帝国の傀儡国家にすぎないのではないかと、調査団はいっそう警戒の眼を光らせたに違いありませんが……。

それはともかくとして、ちょっとだけ満洲国建設にまつわるエピソードをかくことにします。

それはいまも残っている建国会議後の記念写真のことです。時は二月十六日、場所は張景恵私邸前。左から熙洽、張景恵、蔵式毅、馬占山、すなわち東北三省（奉天、吉林、黒龍江省）を牛耳っている大ボスたちが全員集合しているほんとうに珍しいものなのです。ほかの三人はいずれも名家出身なのですが、馬占山はいわゆる馬賊の出身で、張学良麾下の黒龍江省軍の勇猛無比の旅長として名をとどろかしていました。張学良が「無抵抗主義」で日本軍の自由な進攻を許したとき、彼のみがそれに服せず、関東軍も相当に手こずるほどひとり執拗に戦いを挑んできていたのです。わたくしは子どものころに、なぜか「満洲のナポレオン」馬占山の名が脳裡に刻まれてしまって、いまもその名に何かなつかしさのようなものを感じるのです。

その中国の国民的英雄であり、乱世の梟雄ともいうべき馬占山が一緒に写っているのです。この男が一枚、建国会議に加わるか加わらないかで、満洲国建国の内外に与える影響ははかりしれないものがあったといいます。彼が加わったので満洲の地を支配していた大物が残らずそろったこととなり、〝建国は自主的〟の大PRともなり、会議はがぜん重みを加えました。そして、清朝の最後の皇帝溥儀を中心とした満洲人による国家を建設する、という構想がこのとき決まります。その上で、

「これより党国政府（蔣介石政権）の官制を離脱し、東北省区（満洲）は完全に独立せり」

という国家独立の宣言文が発せられました。関東軍の、というより日本陸軍の政治工作がまさに大成功をみたときといえましょうか。一つの国家をあれよという間につくりあげたという事実は、全世界史をとおしてかつて例をみないことなのです。日本の民草が大いなる歴史的偉

業なりとひとしく胸を張ったのも無理からぬことでした。

さて、この馬占山ですが、会議においては初めから終わりまで一言の発言もなく、また「慣れない飛行機に乗って気分がすぐれないから」と、祝宴の酒食に手をつけることもなかったといわれています。すべて終わって奉天を去ると、四月から、なんと、ゲリラ抗戦をふたたび果敢にはじめ、関東軍を悩ましつづけます。昭和七年六月二十三日の『昭和天皇実録』には「侍従武官長町尻量基に謁を賜い、関東軍と馬占山軍との戦闘情況等につき奏上を受けられる」などと記されています。その討伐戦をうたった流行歌「討匪行」が世に流れたのはそのころでした。〽どこまでつづくぬかるみぞ……音痴のわたくしもたしかに歌えるほど大ヒットしました。しかも馬占山は、戦力のあるかぎり戦いつづけ、やがてソ連国境に姿をかき消し、その後を知るものはだれもいない、というのです。

いや、世界史とは関係のない余談のようなのでこれでやめますが、そんなこんなで馬占山の名が、奇妙になつかしく想いだされるのかもしれません。

◆リットン調査団報告書への反撥

リットン調査団の報告書は十月一日に国際連盟に提出され、翌日に世界に公表されました。二カ月後の十二月から、国際連盟総会がひらかれることとなり、その審議の基礎となるものがこの報告書ということになります。

この報告書は公表されるとただちに日本の外務省はその翻訳をしたことがはっきりしています。『昭和天皇実録』十月二日にそのことが明記されています。この日は日曜日なのに朝早くからとどけられた報告書に天皇は眼を通しています。

「報告書は緒言、本文十章、附録、附図十四葉から成り、日本軍の行動を自衛権の発動と認めず、また満洲国を日本の傀儡国家としながらも、満洲の特殊性をも考慮に入れ、満洲における日華両国それぞれの権利・利益及び責任に関する条約を締結すること、中華民国の主権下に広範な権限を持つ自治政府を満洲に設置すること等の解決策を提示したものにして、……」

まことによくこの記事はリットン報告書の骨子をまとめてあります。報告が調査団の苦心の作文であることがよくわかります。なるほど、日本の自衛行動とは認めず、満洲国も自然な独立運動の産物ではない、としていながら、日本の満洲における権益は認めていると、妥協的な結論を示したのです。解決策としては、日中両国が協議すること、そのための条件は連盟が提案する、というのです。日本を総会の場に呼びだして、一対多数で吊るしあげることなど考えてはいなかった。

日本軍の自衛行動だとは認めていない部分でも、かなり智恵をしぼってかかれています。第四章のところです。外務省訳を引きますと、

「同夜における叙上日本軍の軍事行動は、合法的なる自衛の措置と認むることを得ず。

もっとも、かく言いたりとて、本委員会は現地に在りたる将校が自衛のため行動しつつありと思惟したるなるべしとの想定は、これを排除するものにあらず」

ちょっとわかりづらい訳文ですが、要は現地にいた日本軍の部隊が自衛のためにと考えたであろうことは否定しない、ということです。「断じて自衛にあらず」と極めつけているのではなく、中国の反日・排日運動を考慮すれば「そう思って銃火を交えたのかもしれない」と、日本の立場にかなりの配慮をした報告であったのではないでしょうか。それほど当時の世界各国は現実主義に立っていた、日本をこれ以上に侵略だときびしく追及するのは各国が中国にもつ利権にいらざる害をもたらす、穏やかに穏やかに、そう考えていたものと思われます。

ところが、日本の輿論はそうした甘いささやきに耳をかそうともしませんでした。当時の日本人がとなえていたスローガン「〝東北〟は日本の生命線である」が、輿論の根柢にあったのです。*2〝東北〟すなわち満洲です。関東軍の軍事行動は自衛権の行使だ、満洲国は現地の中国人や満洲族らの民族自決によって成立した国家であり、この日本の「生命線」にたいして連盟がいらざる口出しをする必要はない、立派な独立国なのだから早く欧米諸国がわが日本のようにこれを承認すればいいのだ、という声のみが高くなります。ちなみに日本の満洲国承認は九月十五日でした。そして連盟理事会がリットン報告書を基本として討議を重ねて、十一月十六日までに満洲国から日本はいったん撤退したほうがよい、と日本のみの反対であっさり決めますと、もう我慢ならぬとばかりに日本の輿論は戦闘的になっていきます。

いまになって考えると、この当時の日本人は満洲事変の勝利とそれにつづく満洲国の建設の成功に、かなり上っ調子になっていた、新聞をひろげてみるとごく自然にそう考えたくなる。そして日本の強引な進出にたいする欧米列強の消極的ともみえる態度は、ますます政府や軍部や一部の人たちの自信を強め、政治的陶酔におちいらせ、自国の力を過信させるようになっていったようなのです。いいかえれば、海を隔てた世界各国の潜在国力を見くびるようになっていた。要は世界史にたいするきちんとした認識があまりにもなかったのです。

◆ヒトラー、権力の座につく

昭和八年(一九三三)の幕開け、といえば、もう文句なしにナチス党の総統ヒトラーの登場ということになります。一九二六年(大正十五)から三二年(昭和七)にかけてのいわゆるワイマール共和国のドイツは、いわれているほど落ち着いていたわけではなく不安定な社会がつづいていました。ドイツ国民は圧倒的な力を示して国家をリードできる政治家を渇望していたのですが、人材に恵まれず、政治的混乱が長くつづいていました。そのなかでヒトラーとナチス党は伸長したり、あるいは低迷したりをくり返していました。つまり、昭和史とは直接的にあまり関係ないところで、ヒトラーは術策と大いなる弁舌をふるっていた。それでヒトラーをいままではずしていたのですが。

とはいえ、ナチス党員は二八年(昭和三)には十二万を数え、三〇年の夏には三十万、三二年のはじめには約八十万と勢力を伸ばしています。突撃隊（ＳＡ）もふくらみつづけ、三二年の終わりごろには五十万に達していました。どの段階でも、ヒトラーは若い労働者や大学生にまず目をつけて、支持者をふやしていったのです。しかも三〇年ごろからは財界とのコネもうまくつけ、お蔭で活動資金に不自由しなくなりました。

ヒトラーとナチスの存在は、こうして三〇年になるとドイツ政界のなかで一目おかれるようになっていました。ドイツ政界は短期の政権交代がつづいたあと、この年の九月にときのブリューニング政権が踏みきった総選挙では、ナチスが十二議席しかなかったところからいっぺんに百七議席を獲得して第二党に躍進したのは、その表われであるといえます。ちなみに第一党は社会民主党で百四十三議席（前百五十三）、共産党が七十七議席。当時の選挙分析では、深刻きわまる経済不況と多数の失業者がナチス躍進の後押しとなったとされています。

つぎの三二年七月末の選挙で、ナチスは（全議席六百八席のうち）二百三十議席を獲得、第一党になります。そこで一挙にヒトラーが首相の座に、と思われますが、そうはいきませんでした。ヒンデンブルク大統領と意見が合わず内閣を組織できません。と、丁寧にやっているとヒトラー伝をかかねばならないことになります。つまりは想像しているような赫々たる勝利の連続ではなく、むしろ悪戦苦闘というか、突撃隊（ＳＡ）の暴力的な活動などをめぐって、党の内部的にいまにも破裂しそうなほどの危機に見舞われながら、ヒトラーはそれらを何とか乗り切っていたのです。と、簡単にすますことにします。

ただ、そこに余計な理屈を一言つけ加えると、ヒトラーはレーニンとよく似ているな、ということです。二人ともあっぱれといえるくらい巨大な権力への意志をもち、それに結びついた冷酷な、確然とした目的意識をもっていました。しかしくっきりと違う点は、レーニンは革命家らしく法を踏み破っても平気でしたが、ヒトラーはそうではなく法をうまく活用するやり方を選んでいるのです。クーデタ的政治手法をあえてとろうとはしませんでした。ミュンヘン一揆の失敗を教訓としたのでしょうが。

そうしたヒトラーの野望に、ドイツの当時の選挙法がうまく働いたこともつけ加えておきます。小選挙区、比例代表制。人物本位にではなく、党名に向けて投票する。しかもドイツ政界は、社会民主党、共産党、中央党、人民党、国家人民党など中小の政党の乱立で、互いに足を引っ張り合っていました。アレどこかで聞いたことのある話、と思う要もなく、いまの日本の小政党乱立と選挙と同様のことを考えればいいわけで、候補者一覧に載ったものは党が得た票数に応じて当選する。この比例代表制がナチスに相当に有利に働いたといえます。優秀な人物をそろえる必要などはなく、どこの馬の骨であろうと、無能であろうと、いやかつて政治的な暗殺を企てた犯罪者であろうと、立候補者名簿に党公認として名を連ねさえすれば、そんな連中でも国会入りができたのですから。

その第一党になったナチスが、三二年十一月六日の総選挙では、突撃隊の暴力行為が祟ったのか、第一党を維持はしましたが、大量に票数を減らし議員数もガタ減りしました（三十四名減の百九十六名）。かわりに共産党が大躍進をして百議席を獲得。これが世間を驚愕させると同時に、右派的勢力はヒトラーとナチスに改めて注目しないわけにはいかなくなりました。右派はこれまでヒトラーをオーストリア出身の煽動政治家で、演説だけはいやにうまい変わりものぐらいにしかみていなかったのですが、そうはいかなくなった。

こうして歴史的な、と形容詞のつけられる一九三三年（昭和八）が到来したわけです。一月二十八日、ときのシュライヒャー内閣が軍部クーデタの危機に揺さぶられて総辞職を余儀なくされ、後継をめぐって混乱につぐ混乱があり、国民の政治不信も頂点に達しました。結局、三十日になってヒンデンブルク大統領は不本意ながら第一党の総統ヒトラーを首相に任命せざるを得なくなったのです。第一次世界大戦時のたかが伍長が、という思いがヒンデンブルクにあったといいますが、さもありなん。片や元帥なんです。と、あっさりかきましたが、この一月三十日がまさしく歴史の転換点、全世界にとってのちの運命をわかつ分岐点の日になった、といい切ってもいいかと思います。

こうしてヒトラーは権力のてっぺんに昇りつめました。とりも直さずドイツ人がナチス支配を許容したことを意味します。政情は安定せず、民衆は不満たらたらであったでしょう。でも、その民衆がヒトラーが首相の座につくことを歓迎したのは、なぜか？　とやっぱり考えこまざるを得なくなるのです。

丸山真男にその答えを求めたとすれば、毎日の生活がほんの少し悪くなっているだけであるから、人々には、国家が「何処に向って、どうして動いて行くのか見きわめ」ることができず、このさき何が起こるかはだれにも予想できなかった。それゆえ「これこれのことは必ずやこれこれの結果を招来するといったって、証明することは出来ない（中略）終りが分らないのに、どうして確実に知っているといえますか」という問いには、だれも答えることはできないではないか、とまことにソッ気ないのです（「現代における人間と政治」一九六一年）。

いわれてみればそのとおりですが、それではいつの時代であっても行き当たりばったりということになる、結果論をあれこれいうほかはない。でも、ほんとうに人間はやがて来るであろう破局を読みとることはできないのでしょうか。歴史には教訓がないのでしょうか。

といって、落胆ばかりしてはいられないのです。ヒトラーの権力把握から学ばねばならない歴史の教訓ははっきりしているからです。選挙という民主主義の形式にのっとってひとたび権力を手にしたならば、その民主主義的手段によって決して権力者はその権力を手放すことはない、という事実です。ドイツ国民がどうせ半年もすれば失敗するであろうと考えて、いちど政権を委ねてみるか、と軽く考えて選挙で比例代表制にナチスと党名をかいた、そのことは大間違いであったということです。それが教訓でなくて、ほかにどんな教訓がありましょうか。

◆言論の自由などを剝奪

ヒトラーは政権を手にすると、十月革命のときのレーニンに劣らず、素早い行動にでます。

党員二万五千人をベルリンの首相官邸付近に集合させ、党歌「ホルスト・ヴェッセルの歌」の大合唱。そして壮観な松明行進に移ります。ラジオで全国にこの実況放送を迫真的に流します。その華やかな、延々たる大行進は五、六時間もつづけられたといいます。その間ずーっと煌々たる明かりに照らされた官邸の窓からヒトラーが乗りだして、大歓声に応えて手をふりつづけました。のちの祝祭国家の真面目はすでにして発揮されていたといえましょうか。政治とは何かとニギニギしいイメージが大事なのです。そして権力者はやたらに姿を見せることです。

ヒトラーは獅子吼しました。

「いまからドイツはただ一つの党となる。偉大で英雄的な国民の党となるのである」と。

そしてその夜、共産党員たちは各地で親衛隊（ＳＳ）や突撃隊に襲撃されていました。

いや、ヒトラー政権の素早い動きは、そんなお祭りよりもいちばん肝腎なところで発揮されます。それは国会議事堂放火事件というだれもが考えてもみなかった事件に端を発していました。二月二十七日に起こったこの国会炎上事件の犯人として、当時は精神に異常のあったルッペという男が逮捕されました、しかも彼は共産党員であったと。いっぽう最近まではナチスの謀略であったといわれてきました。わたくしもさしたる証拠もなくそう思っていましたが、阿部良男氏の労作（『ヒトラー全記録』）で、まさかと思う証言を目にして、驚倒しながらもいまは確言してもいいかと思っています。

ニュルンベルク裁判での陸軍大将ハルダーの証言がそれです。「一九四二年の総統誕生日に昼食会が催された際、（中略）私はゲーリンクがその話中に大きな声で『議事堂〔内部〕を本当に知っているのは俺だけだよ。俺が火をつけたんだから』と言ったのを、たしかにこの耳で聞きました」と。

じつは、問題とすべきは火つけ事件の犯人がだれかなんかではなく、その翌二十八日の緊急の閣議決定のほうなのです。基本権の廃止として、ヒトラーは「ドイツ民族に対する裏切りと反逆的陰謀を取締るための大統領令」という長ったらしい法律を速成し、いわば強引に決定しました。そしてその夜に老大統領を訪ね、署名を要請して否応もなく署名させ、即時に発効としたのです。即断即決のヒトラーらしく、何とも早業であったというほかはありません。もっともワイマール憲法の統治に関する規定には、「公共の安寧秩序が著しく損われたとき、大統領は回復に必要な措置を講じるため国民の基本権を一時的無効にできる」とあるのですから、老大統領はこれをもちだされれば署名せざるを得ません。大統領に非常時の緊急命令権を与えてあったことが、民主政治の破壊につながったといえるわけです。

こうしてナチスの法律の真の基盤がアッという間にでき上がりました。その大統領令のいちばんの骨子の部分を挙げておきます。

「ドイツ共和国の憲法一一四条―一一八条、一二三条―四条および一五三条は、当分のあいだ無効とする。したがって個人の自由および新聞発行や談合、集会の自由もふくめた表現の自由にたいする制約、郵便と電信・電話による通信の検閲、家宅捜索、財産制限および没収は、従来法律で認められていた範囲に関係なく認可されるものとする」

これで国民の基本権である言論の自由も報道の自由も集会の自由も、あらゆる市民生活に許されていた諸自由は、すべて奪い去られました。逆をいえば全体主義国家をうち立てるに必要なものすべてがヒトラーに与えられたことになる。この法律が独裁への最終勝利を保証する伝家の宝刀になったわけです。ワイマール憲法は完璧なほど空洞化しました。くり返します、注目すべきはそれが閣議決定で決定したことです。

ふと、想いだすことがあります。何年前のことであったでしょうか。麻生太郎副総理が「憲法改正はナチスの手口を学べ」と発言し、世の失笑を浴びたことがありました。政治家諸公の歴史知らずのお粗末は相変わらずだな、とわたくしもそのときはただ呆れておりましたが、あとに生起したいろいろな政治的現実をみると、これは軽視してはいけない発言であったと悔ゆることばかり。安保法をめぐる権力側の一連の、閣議決定による法制定の手法は、まさしくヒトラーのやり口そのものずばりでした。だれか智恵者がいて悪智恵として歴史に大いに学ぶところがあったのでしょう。麻生発言を見過ごしたのは、あまりにも迂闊でありました。

それにつけても、いまの時代、政治とはイメージ操作だな、とつくづく思わせられます。ナチスの宣伝相ゲッペルスがいったように、活字より音声、理屈よりは印象、思考よりも気分が優先される。十分に議論を尽くして、としきりに叫ばれますが、そういっている間に新法ができて時代の空気が変わる。ナチスの手法はほんとうに有効であったのです。

閑話休題、このあとヒトラー政権が行った三月五日の総選挙でナチスは全六百四十七議席のうち二百八十八議席（得票率四三・九パーセント）を獲得、共産党は八十一議席を得ましたが、その共産党の新国会議員は一度も登院することはできませんでした。[*3] ヒトラー首相はこの「大統領令」にのっとって、九日には共産党員の議席をすべて剝奪、結果として議会では得票率五〇パーセントにかなり足りなかったナチスが単独で過半数を占めることになったのです。共産党議員は逮捕されるか、亡命するかの選択を迫られたといいます。

こうしてこのあと悪名高い全権委任法が、三月二十三日に議会で合法的に多数決で可決されることになるのです。賛成四百四十一票対反対九十四票（社会民主党のみ）。全権委任法の第一条のみを記しておきます。「第一条、立法権を国会から内閣に委譲する」。ヒトラーにはもはやワイマール憲法にかわる独自のナチス憲法なんかを制定する必要はないのです。ヒトラー政権がどんな法律でもつくれるのです。

ここに、かくまでもないことですが、ヒトラーの絶対的な独裁政権が確立しました。昭和八年に〝歴史的〟と形容詞をつけたわけがそこにあるのです。

ところで、ヒトラーという得体の知れない人物が、政権を掌握したということを、昭和天皇は承知していたでしょうか。これが一応は報告をうけていることが『昭和天皇実録』ではっきりとわかります。昭和八年二月二十七日の項にこう記されています。

「御学問所において昨年末に独国より帰朝の特命全権大使小幡酉吉に謁を賜い、独国事情について、特にアドルフ・ヒトラー内閣成立の過程につき奏上を受けられる」

ただし、これだけで、天皇がヒトラーその人についてどの程度の認識をもたれたのか、まったくわからないのが残念ですが[*4]。

◆二つの大国の国連脱退

さらに昭和八年が歴史的に注目すべき年であったいくつかの事実をつけ加えます。

まず日本帝国の国際連盟脱退があります。リットン調査団の調査報告にもとづく国連の対日勧告案が国連総会に提出されたのが八年二月のこと。それには、わかりやすくいうと①満洲は中国に主権のあることの明記、②日本軍のひとまずの撤退、③国連外にある米ソ両国を加えた関係委員会による日中交渉の促進など、日本としてはうけ入れ難い事項がふくまれていました。

ときの斎藤実内閣の閣議は連日のように大もめにもめるのです。二月十五日の閣議で陸軍大臣荒木貞夫大将と外務大臣内田康哉が、「かくなる上は、連盟から脱退だ」と強硬に主張します。そして新聞各紙がさながら応援団のように、いま脱退しないのはいたずらに諸外国の軽侮の念を深めるのみであると、さかんに脱退を煽ります。「十字架上の日本」が八年に入った時点での最新の流行語になり、輿論もその方向にどんどん傾斜していきます。たしかに、日本に不利と思われる勧告案が総会で採択されれば、経済制裁が科せられるかもしれない、いや除

斎藤実（下段左）内閣の閣僚たち。荒木貞夫や岡田啓介の顔も

名されるかもしれない。そのような不名誉な処分をうけるくらいなら、脱退したほうがマシだと、民草が誇りをもって考えるのはわからないでもありませんが。

二月二十四日、国連総会は勧告案を四十二対一で可決しました。反対の一票は日本のもの。日本全権松岡洋右たちは「サヨナラ」を正式に表明し退場します。日本が栄光ある「世界の孤児」になった瞬間でありました。

いずれにせよ、民草は、一方的かつ確信的な新聞報道に吹きこまれ、国際的な被害者なのに〝加害者〟として非難されていると信じ、強烈な危機感と孤立感と、それにともなう排外的な感情とをつのらせていきました。そのことが何をうんだか、あとの歴史が示すとおりです。

それに考えてみると、ドイツの国会議事堂の炎上が日本の国連脱退の三日後の二十七日。また、その日、天皇はヒトラー政権樹立の報告をはじめてうけている。またまた、歴史的偶然とはつまりは神の思し召し、必然なのだといいたくなってきます。

ドイツが話題にのぼったところで、ついでにナチスの焚書についてかいておきたいと思います。ヒトラー独裁確立後のベルリンで、中世さながらの焚書の愚挙が再現されたのが五月十日のことでした。非ドイツ的・マルクス的・ユダヤ的なものとみなされる書物が、この日、すべて炎のなかに投げこまれたのです。アインシュタイン、フロイト、トーマス・マン、ツヴァイクなどの著書二万冊が灰と化す。

同じように火あぶりの刑に処せられたものに、『エーミールと探偵たち』『飛ぶ教室』などの作家ケストナーの著書もふくまれていました。「将来の告発者として居合わせたい」と決意した彼は、多くの作家が亡命するなかで、ベルリンにとどまっていました。そしてこの日、わざわざ自分の本が燃やされる現場に見物に出かけたのです。

「私たちの本がめらめらと燃える炎のなかに投げこまれるのを見、うそつきゲッペルスの長広舌を聞いた」

その『日記』にかかれたこの個所を読むたびに、この作家の精神の強さにはげしい感動をおぼえるのです。

その野蛮なナチス・ドイツが国際連盟から脱退するのがこの年の十月十四日。進んで「世界の孤児」となることをこの国も選びとったわけです。孤児の淋しさをかこつ日本の眼前に突如としてこの大国が現れた、といっていいかと思います。そして孤児同士の視線は妙に交錯し合って、両国はこのあと急接近していく。昭和史にナチスがからみだしたことになるわけで、いっぽうで、この二つの大国の連盟からの脱退は、せっかく世界が模索してきた集団安全保障体制をガラガラと崩したことにほかなりません。世界情勢はこのあとがぜん怪しくなり、不安となる。が、当座はそれほどの危機感をもって欧米列強はうけとめようとはしなかったのです。

◆立役者の勢ぞろい

さて、世界の孤児となった日独両国に東西からはさまれた国家として、ソ連があります。ソ連はこのときどうしていたかにちょっとふれておきます。さきにかいたように一九二八年（昭和三）から「一国社会主義」の旗をかかげ、五カ年計画のスローガンのもと、スターリンは革命後の内戦で疲弊した国力の回復にひたすら専念していました。そして三二年（昭和七）十二月までの四年と三カ月の間に、計画はある程度完成しました。スターリンは中央委員会でこう報告します。

「計画前には、われわれは鉄鋼業をまったくもたなかった。いまわれわれはその工業をもっている。われわれは自動車工業をもたなかった。いまでは、われわれはそれをもっている。われわれは機械工業をもたなかった。いまはそれをもっている。……」

つづいて航空機工業、化学工業、トラクター工業そのほかをならべあげて、最後にこういい切ります。

「われわれは、ヨーロッパの諸工業の規模を顔色なからしめる規模において、これらすべてのことを見事に達成したのである」と。

そして三三年（昭和八）一月、スターリンはさらに第二次五カ年計画に突入することを宣言したのです。

つけ加えるまでもなく、そのころのソ連の実状は経済的に最高に苦しい時代であったと思います。それに五カ年計画には精密な実行のための青写真もなかったのです。つまり五カ年計画とは、スターリンにとってそれに立ち向かい、乗り越えるべき途方もなく大きな挑戦であった。列強からは無謀な企てだとすら思われていましたが、スターリンにできるのはそれを実行に移すのみで、ほかにどんな良策があるのか、という思いであったのです。

この計画の中核となったのは全国的な集団生産化（コルホーズ化）でした。工業化をめざすスターリンには何があっても成功しなければならない政策、なのですが、こうまで大々的になると農民の抵抗は激烈ということははじめから予感されています。しかし外貨の獲得のためには穀物の輸出は何があっても必要ですから、コルホーズ化して過酷な供出を強制しなければなりません。スターリンは必至の想いであったと思いますが、それが何をうんだか。農民たちがどんな悲惨な目にあったか。それは少し後のこととなります。

日本にとって重要なのは、この第二次の計画においてスターリンは、アジア方面の国防力強化に莫大な資金と資材とを注ぎこんでいたということです。軍隊の装備充実には可能なかぎりあらゆる優先権が与えられていたということ。そしておもむろにではありますが、ただ一つの「共産主義大国」として、イギリスやフランスに接近しはじめ、国際政治の舞台に少しずつ姿を見せだしていたということです。はたして日本の指導者にそれだけのソ連認識があったかどうか、それは大いに疑問なのです。ときの荒木貞夫陸相を御大とする皇道派主流の陸軍中央は、かなりソ連を恐れつつも、じつは軽視していたのではないか。満洲事変とその後の国策進行中にソ連が示した予想外の後退政策は、日本を拡張主義に走らせ、陸軍中央にこの機会を利して対ソ戦争を発動しようとする主張をすら誘発した、といっていいかと考えられるのです[*5]。

最後になりましたが、忘れてはならないのはこの年の三月四日、アメリカでは十二年間つづいた共和党政権にかわって、ルーズベルトの民主党政権が発足したということなんです。フーバーを破って、彼は大統領指名受諾演説でのべました。「私はアメリカ国民のためのニューディール（新規まき直し）を約束する」。そして大統領就任演説では「国民は行動を求めている。いまただちに行動に移らねばならない」と。

実際は、アメリカも失業者が千三百万とも千五百万ともいわれる最悪の状態にあったときでした。就任演説で「行動」としばしばくり返して明言したのですが、はたして彼に何ができるのか前途は非常にきびしいものがある。しかし、ルーズベルトは「機関銃」と評されるほどの速さで、つぎつぎに行動にでました。アメリカ経済の全分野に斧鉞を加えたといわれる十八の法案が、矢つぎ早に議会を通過します。たしかにその「行動」は強力な指導力のもとに目を見張るものがあったのです。

なかでも、わたくしが注目したいのは、この年の十一月に、ドイツの国連脱退通告をうけて、アメリカが共産主義国家ソ連の正式承認に踏み切ったことです。共和党政権が頑としてソ連邦不承認をつづけてきたのに、思いきったルーズベルトの決断といえましょうか。スターリンはこれによって、ソ連の国際外交的立場を強化することができたのです。のちの第二次世界大戦における微妙な米ソ協力の端緒はここにひらかれたことになる。ルーズベルトはなぜかスターリンにやさしかった（？）のです。

いかがでしょうか。昭和八年という年に、ヒトラー、スターリン、ルーズベルト、もう一人、イギリスのチャーチルを加えなければなりませんが……そうでした、そのチャーチル議員はこの年の四月、下院でこう警告していました。

「諸君がいまみているのは、〔ナチス・ドイツの〕戦争精神の鼓吹であり、好戦的な喧嘩腰の言動とユダヤ人迫害なのである」

しかし、イギリス下院議員はだれも耳をかそうとはしませんでした。それでもチャーチルの存在はがぜん重みをましていたのです。

これで、これからの世界史の立役者が全員そろったわけです。日本帝国はそのときに「世界の孤児」になりました。相当に話があちこちしましたが、どうやら「世界史のなかの昭和史」がかきやすくなるところまでたどりついたかなと、ホッとしているところなのです。

忘れていました。この年の十二月二十三日、わが日本帝国ではまことに目出たい慶びごとがありました。皇太子殿下の誕生です。『昭和天皇実録』にも「身長五十センチ七ミリメートル、体重三千二百六十グラム。東京市中に皇太子の誕生を意味する二回のサイレンを鳴らし、一般に周知せしめる」と躍るような筆で記されています。のちに歌がつくられました。「鳴った鳴った　サイレン　ポー　ポー」と。この慶事については『B面昭和史』にくわしく、わたくしも楽しくかいておきました。

＊1――もちろん、日本人が残らず気焰をあげていたわけではなく、心ある人びとがいたことはいうまでもない。秦郁彦氏の著書にはその一人として外交評論家の清沢洌の名があげられている。昭和七年十月に『アメリカは日本と戦わず』という著書を刊行し、米に戦う意志なし、大統領の無関心、不戦条約の効力などを理由に、清沢はムードの鎮静にさかんに言論戦を展開していたという。いつの時代にも冷静に世界の動きをみつめている人がいるのである。

＊2――「満洲が日本の生命線」と最初にいいだしたのは政治家森恪である。その著『急迫せる満蒙対策』で、「二十億の国費をついやし、十万同胞の血をもってロシアの勢力を払いのけた〝東北〟は日本の生命線である」とかいている。そして、これを確保するためには「国権の発動」もやむを得ない、と論じた。これが大受けに受けたというのである。

＊3――作家トーマス・マンは三月の総選挙でナチスの独走には歯止めがかかるに違いないと確信していた。それで二月中旬に、オランダ、ベルギー、フランスへの講演旅行に出かけた。ところが、その留守中に、事態が急転する。国会議事堂放火事件が起きたのである。トーマス・マンはその後も帰国の方途をさぐったが、ついに祖国へ帰ることがかなわずそのまま亡命せざるを得ないこととなった。この一例でわかるように、当時の政治状況を的確につかむことは、かなりのドイツ人にも無理であった。

＊4――ヒトラーがどんな人物であったかをしっかりと認識することは、当時にあってはむずかしかったようである。最側近であったリッベントロップすらが、ニュルンベルク裁判のときに、「彼がどんな男であるか、事実はほとんど何も知らないと私は告白せざるを得ない。彼と多くの艱難辛苦をともにしたが、その間じゅう、人間的にもその他の点でも、私は最初に会った日以上に彼と親しくなったことはなかった」といっている。とにかく複雑な〝狂った独裁者〟というしかないのかもしれない。

＊5――荒木を調べていて、青年将校たちをアジっている言葉にぶつかって、いささかたじろいだことがある。荒木はいうのである。「人口六百五十万のオーストラリアとカナダはそれぞれ七百七十万平方キロ、九百万平方キロを領有している。アメリカも七百六十万平方キロの土地をもち、フランスには九百八十万平方キロの植民地帝国がある。イギリスの領土は（自治領とインドを除いても）五百七十万平方キロ。アメリカは広大な本国に加えて百八十万平方キロの植民地をもっている。それなのに、いいか、優に六千万を超す人口をかかえた日本が、なぜ三十七万平方キロの土地で満足せねばならないのか。しかも、その大部分は痩地ではないか。こうした大きな矛盾のどこに正義が存在するというのか。そこから日本の行く道はおのずと決まる」。そしてドンッと卓を叩くのである。こんな領土拡張主義の大将に当時の青年将校

は心服しきっていたというのである。日本の前途(ぜんと)はもって知るべしであった。

第三話

日独防共協定そして盧溝橋事件

昭和九年〜十二年

この章の

ポイント

一九三四（昭和九）年、ドイツではヒトラーによる反乱分子の粛清が公然と行われ、ソ連でもスターリンによる恐怖政治がはじまります。三六（昭和十一）年にベルリン・オリンピックが大々的に挙行されると、ともに国際連盟から脱退した国である日本とドイツは急速に距離を縮め、日独防共協定が結ばれます。一方、三七（昭和十二）年、スターリンの思惑もあり、中国国内で対立していた国民党と共産党が、抗日のための協力体制「国共合作」を成立させます。

キーワード

血の粛清／総統兼首相に就任／恐怖政治／自国ファースト／
中国一撃論（統制派）／対米英強硬論（艦隊派）／
ベルリン・オリンピック／スペイン戦争／日独防共協定／国共合作

◆突撃隊を虐殺

昭和八年（一九三三）一月、ヒトラーは政権の座につきました。と、コト改まってかくまでもないのですが、このとき、はたしてヒトラーはのちに知れわたった〝千年帝国〟という巨大な夢を実現するための、注意深く計画された青写真をもっていたのでしょうか。新たに建設すべき国家像をもっていたでしょうか。

いくつかの彼の伝記を読んでもそのへんのところはよくわかりませんが、どうもそうではなかったのではないか。夢想だにしてはいなかった。そう思えてならないのです。この稀にみる狂的な独裁者は、そのような綿密な計画性に富んだ人物ではなく、ある意味では粗野で行き当たりばったりなところがあり、ときには道徳的な厳格さで命令を下すかと思えば、慈悲深いところを示したりしました。といって、もったいぶった高潔な態度を装おうとしている、というわけでもありません。気弱なところをみせることもしばしば。そんなどちらかといえば感性的な複雑な人間性をもつ人物に、緻密さや周到な計画性があったとは思えないのです。

そうした複雑な多面性をもちすぎるちょっと理解し難い人物が、政治の頂点に立ったとき、まず最初に手をつけるのが敗戦国ドイツの名誉回復という、民草のもっとも期待する派手な人気とりの政策でした。すなわち昭和八年十月十四日、ラジオをとおして、ヒトラーは国際連盟と、ドイツの再軍備を固く縛っていたジュネーヴ軍縮会議からの脱退を全世界に通告する、という思いきった挙に出たのです。当然のことながら、列強の反撥は予想されていますが、ヒトラーは寸毫も気にとめませんでした。十八日にヒトラーはベルリンで党の幹部を前に滔々と述べています（阿部良男『ヒトラー全記録』より引用）。

「政治の衝に当った私の先任諸君は、いわば〝ジュネーブ病〟にかかっていた。（中略）われわれは平和を欲する。しかしながら、みずからを二流国として待遇されることには甘んじ難いのである」

この国際友好を断つような声明は、とくにヨーロッパ列強を恐慌におちいらせました。なかんずくフランスです。フランス政府がいささか慌てたようにソ連に近寄っていくのはこのときからです。ソ連と友好関係を結ぶことで、ドイツを東西から封じこめ、ヨーロッパにおける自国の地位を強化しようと、少々姑息な手段をとらざるを得なかったのです。ソ連もこれを足がかりに国際外交の表舞台に乗りだしていくチャンスと考えました。

ドイツの民草はヒトラーの声明を拍手をもって歓迎し、大いに満足したようです。世界大戦敗北いらいの西欧諸国の圧迫を、われらが新首相が力強くはねのけ、祖国を縛りつけていた重い鎖を断ち切ってくれるとの思いであったようです。では、ヒトラー自身もまた大いに満足していたか、となると、かならずしもそうではありません。じつは、対外的にはともかく、ドイツ国内においては、最高の権力をたしかに握ったという現実のあとに、それを不動のもの、永久につづくものとするためには、まだ多くの乗り越えねばならないことが国外というより国内にあるのを、ヒトラーは自覚していたからです。

第一にヒンデンブルク大統領がまだ健在でありました。が、もうご老体で、余命いくばくもないことは十分に予想されていましたから、まず問題はないとしても、突撃隊（SA）という厄介な暴力組織がありました。政権をとるまで攻撃的に先頭に立って役立った突撃隊は、すでに大勢力になっていましたが、ヒトラーが昭和八年一月に政権の座についてからさらに急速に成長、その年の秋には給料をもらって活動している隊員が百万、予備隊員は三百五十万を突破していたというのです。

しかもヒトラーはこの突撃隊の指揮権を完全に掌握していたわけではなく、幕僚長のレームにほとんど任せきりでいました。この実質の指導者であるレームが突撃隊にたいし、ヒトラーとは別のヴィジョンをもちはじめていることをあからさまにしだしたのです。突撃隊を将来は正規のドイツ軍とすることにし、「第二革命」（国家社会主義革命）をもういっぺん実行し、ヴェルサイユ条約を破棄してドイツの拡大主義をガンガンと一日も早く遂行すべきであるというものでした。そんな急進は首相になったばかりのヒトラーが望まないことです。

それに突撃隊を正規のドイツ軍にすることが一朝一夕でできるはずはありません。歴史に燦として輝くドイツ国防軍が存在し、つねづね突撃隊を敵視しその規律無視の暴力的な行動を非難して、一刻も早い解体をとヒトラーに要望していたのです。じつは、この国防軍そのものもヒトラーにとっては何とかその指揮権を掌握しなければならない、いわば目の上のたんこぶであります。ヒトラーは政権をとる前には、政治に口をださないかぎり、自分たちの領域で自由に振舞ってよい、と事実上軍部に約束をしていたからです。

ヒンデンブルクはさておいても、軍部と、レームと突撃隊、首相ヒトラーはいずれこれらと正面から対決しなければならなかったのです。とくに突撃隊の処置は緊急に行わなければならない重大事となってきました。なぜならドイツ各都市の街頭での突撃隊の天下をとったつもりの横暴な行動は、国内のヒトラー支持者を減少させ、国外からのヒトラーの権力体制にたいする非難の声が、もっぱらその点に集中していたからなのです。

昭和九年（一九三四）六月、ヒトラーにとっては、決断のときが訪れました。阿部良男『ヒトラー全記録』によれば、六月二十一日に、ヒトラーは大統領代理としてのブロムベルク国防相と会談をし、そのさいに国防相がいったといいます。「もしSA〈突撃隊〉の緊張問題が解決されなければ、大統領は戒厳令を布告して、ヒトラーの支配権を陸軍に引き渡すと警告される」。そしてまた、ヒトラー自身にも「車椅子生活の大統領との四分間の謁見でも同意見が伝えられる」とあります。

さらに「この会談で、ヒトラーはSAを実力で抑圧する最後の決心を固めたとされている」と記されていますが、まさにそのとおりであったと思います。が、そのかなり前から計画は慎重に練られていたに違いないのです。その中心となったのが、のちの空軍総司令官ゲーリングと親衛隊（SS）全国指導者ヒムラー。そして彼らの行動は、ぐずぐずするヒトラーを引っぱ

ヒトラーとナチス幹部たち。右からヘス、ヒムラー、１人おいてゲーリング、レーム、ヒトラー、ゲッペルス（1932年ごろ）

るようにして、まことに機敏そのものでした。

六月三十日未明から三日間のヒトラーの血の粛清は、世界に衝撃を与えました。ゲーリングとヒムラー、それに親衛隊保安本部長官ハイドリヒがつくった最終リストに、ヒトラーはただ鉛筆で下線を引いて、銃殺すべき人物たちを示しただけ。

「帝国首相の名において、×××〔氏名〕を重大な叛逆行為を犯した罪により銃殺に処する」

書類の署名はハイドリヒのみ。ただし突撃隊が叛乱を起こした場合に備えて、国防軍の陸軍部隊には待機命令が発せられていました。

こうした細心で周到な準備の上で、ヒムラー指揮の親衛隊員とゲシュタポ（国家秘密警察）による、レームとその幕僚たち、さらに全国の突撃隊幹部と多数の隊員、反ナチス政府分子の粛清が開始されました。いや、はっきりいって合法的殺人という名の恐るべき暗殺、もう少しあからさまにいえば国家が大量虐殺を公然と、かつ大胆不敵に行ったのです。しかもそもそもが親衛隊はヒトラーを護衛するために組織されたもので、突撃隊という大組織の一部、いわば彼らは仲間同士であったのです。そのかつての褐色の制服の仲間を、黒い制服を着たSS隊員たちが計画どおり急襲して、黙々と、顔色一つ変えることなく射殺していったのです。恐るべきことでした。

◆殺害されたもの千名以上

レームとその一派の幹部たちは三十日早朝に逮捕されましたが、射殺されたのは七月二日になってから。タイプされた一片の通知書だけでは法相も、一斉射撃を命じる覚悟が容易に固まらなかったらしいのです。レームはもともとヒトラーの熱狂的な支持者であり、ナチス党苦難の時代をヒトラーとともにし、ミュンヘン一揆にも参加して有罪となったほどの古参の大物でした。若き日のヒトラーの無二の親友でもあったのです。そこがまたゲーリングやヒムラーには仇敵視され排除ナンバー1の標的となったゆえんであり、ヒトラーその人もいつかその存在を煙たく、というより脅威と感じるようになっていました。ナンバー2というものの出処進退はなかなかに難しい、その典型例といえましょうか。

同時に、突撃隊とは何の関係もない人も多く槍玉に上がりました。かつての仲間でナチス党内でヒトラーのライバルと目されていた有力者シュトラッサーもゲシュタポに拳銃で背後から撃たれ死亡、ただし公式には自殺と発表される。国防軍の名誉と威信と権威の象徴であったシュライヒャー元帥も、家に力ずくで押し入ってきた暗殺者たちに拳銃で撃たれて死亡。飛びだしてきた彼の妻も射殺される。W・ベネット著『国防軍とヒトラー I』に、記者会見でのゲーリングの発言として元帥の殺害がこんな風にかかれています。

「シュライヒャー将軍は政府に対して陰謀を企てたので、私は彼を逮捕するように命令した。ところが彼は馬鹿なことに抵抗したので、殺されてしまったよ」

記者の質問もうけずにこういい放つとゲーリングはさっさと部屋を出ていったといいます。政権成立いらい一年有半にして無法がまかりとおる国家に、ナチス・ドイツはすでになっていたのかと考えられます。

さらにベルリンのカトリックの指導者クラゼナー、老政治家カール、バイエルン君主主義の代表者グッテンベルク、シュライヒャー元帥の片腕ともいわれるブレドウ将軍と、殺害された知名の人、とその名をいくらあげても、わたくしにはまったくさっぱりで徒労のこと、結局はヒトラーにとって生きていては邪魔で危険な人物と思われたものはこのさいすべて、ということでありました。その数は当時の公表では七十七名。戦後一九五七年の公判では、その他大勢をふくめて千名以上の人が殺害されたとされています。

この残虐な殺人にたいして、『国防軍とヒトラー I』によると、ヒンデンブルク大統領は七月二日に祝電をヒトラーに寄せたというのです。

「あなたは、決断力のある行動と勇敢にも自らことに当ることによって、叛逆を芽のうちに摘み取ってしまった。（中略）余はこのことについてあなたに心から感謝の念を伝え、併せて余があなたのやったことを本当に立派なことだと考えていることを知ってもらいたいものと思う」

いまになれば老耄したゆえ、というほかはないのですが、あにヒンデンブルクのみならんや。翌三日の緊急閣議において、ヒトラーに閣員を代表して祝意を表したのが、ブロムベルク国防相でありました。六月三十日とそれにつづく日々の殺戮行動は、国家を防衛するための正当の権利であり、必要とされた合法的な措置であった、と恭しく述べたというのです。そして「国家緊急防衛法」（緊急防衛のための殺人行為を正当化する法律）が閣議決定されて即時公布。これに国防軍として承認を与えたのもブロムベルクなのです。それはいまなおナチス体制に反対しているドイツ人にとっての、勇気と名誉を重んじるであろう国防軍への信頼が、まさかと思う暇もなく地に堕ちた瞬間であった、といえるかもしれません。

そして七月二十日、ヒトラーはこのたびの〝叛逆者殲滅〟の功績に鑑み、親衛隊を独立させ、ヒトラーに直属したナチス党内機関とし、独自の武装兵力の保有を許可します。やがて親衛隊はヒムラーの指揮のもと、「国家のなかの国家」をつくるようになるのはご存じのとおり。黒の制服の猛威は戦後の映画などでみるとおりです。

◆「総統兼首相」に就任

ドイツ国民は、突撃隊の暴虐がとりのぞかれたことにホッとしたときがあったようです。そこが歴史の不可思議なところで、ごく一部をのぞいて民草はこの虐殺をむしろ歓迎した。つぎに何が待っているかわからないままに、いや、わからないゆえに時の流れに任せていったのでしょうが。しかし、やがて、突撃隊の残忍さに親衛隊と秘密警察の残忍さがとって代わったにすぎないことを思い知らされ、戦慄させられることになる。しかも信頼すべき伝統ある国防軍がその蛮行を黙認しつづけたことにも、やがてはショックこの上ない思いをさせられることになるのです。

島国に生をうけた日本人には容易にできることではないのですが、こうなると祖国を捨てて他国に亡命していくドイツ人が当然のことながら次第にふえていきました。生計の道を断たれて亡命を余儀なくされたユダヤ人や作家たちはもちろんのこと、反ナチスの大学教授やジャーナリストも多くいました。科学者のアインシュタイン、思想家のベンヤミン、作家のトーマス・マン、ベルトルト・ブレヒト、アルノルト・ツヴァイクなどなど。その人びとのペンや弁舌をとおして、ヒトラーのドイツの暴虐を訴える声は世界に広まっていきました。たいして知識人の大敵というイメージを平気で打ちだしたヒトラーは、ドイツ市民権を剥奪した人びとの名を定期的に公表していきました。

ドイツ文学者池田浩士氏の著『ファシズムと文学』によると、ヒトラーが政権の座についてからちょっとあとの昭和八年五月五日に、フランスの作家ロマン・ロランが早くもナチスの蛮行にたいする抗議の手紙を、ドイツの一新聞に送っていたというのです。さすが『ジャン・クリストフ』の作家と思わず手を叩きました。

偉大な世界市民の国として愛してきたドイツが、いまや足で踏みにじられ、血で汚され、世界中から嘲りはずかしめられている。鉤十字の連中が、自由精神の士たち、ヨーロッパ市民たち、平和主義者、ユダヤ人、社会主義者、共産主義者を追放し、好き勝手なことをやっている、と訴えた上で、ロマン・ロランはこうドイツに残っている知識人たちを告発するのです。そのごく一部を。

「諸君は、公表されラジオで流されている諸君の指導者たち――ヒトラー、ゲーリング、ゲッベルス――自身の言明を、知らぬと言いはるつもりか？　かれらの暴力煽動、自分以外の人種を、たとえばユダヤ人を絶滅せねばならぬという、かれらの人種主義の宣言、西欧にとってはとうの昔に過去のものとなっている中世のこうした腐臭を、知らぬと言いはるつもりか？」

ロマン・ロランのこうしたいくつもの詰問にたいして、それを突きつけられた〝諸君〟のひとり、ビンディングという作家が新生ドイツの現実を全面的に擁護した一文をもって答えたというのです。この作家の作品など一編も読んだことのないわたくしには、どんな作家なのかまったく見当もつきませんが、当時のドイツ文壇の大御所であったらしい。しかも、それは長い長い返答であったといいますが、これもその勘所のほんの一部を。

「ドイツ――このドイツ――は、ドイツを欲するという、いかなる代償を払っても、いかなる破滅と引きかえにでもそれを欲するという、狂おしいまでの憧憬から、内面の憑かれたような状態から、血まみれの陣痛のなかから、生まれたのである。これをまえにしては、いかなる告発もくずれ去る」

引用がこれだけではそのいい分を完全には理解しかねるかもしれませんが、池田教授がかいている解説には、わたくしも多分そうであろうな、それは正しいなという思いを抱くのです。

「ビンディングのナチス・ドイツ支持宣言は、亡命することもなくまたナチ党員となって権力と一体化することもなくドイツにとどまった圧倒的多数のドイツ人の気持を、いささか大仰にではあれ、ほぼ代弁していたといえよう」

つまり太平洋戦争下の多くの日本人（わたくしたち少国民もふくめます）の気持ちと、どこか共通するものがあるように思えるのです。どんなに負け戦さがつづき敗色濃厚となりながら、なお神国思想があり、世界に冠たる民族の思いがあり、八紘一宇の理想のもとに、アジアの盟主たるべく運命づけられた国民という信念が日本人一般にはありました。もちろん、煽りに煽られて仕込まれた観念でしかなかったかもしれませんが。終戦時十五歳のわたくしは、かなり反戦的な考えをもっていた親父の薫陶もあって、いくら何でもそれをそのまま鵜呑みにしてはいませんでしたが、歴史はじまっていらい一度も征服されたことがないという民族の誇り、国家への信頼は、やっぱり八月十五日の天皇放送を聞くまであったと思います。

祖国、生をうけた国家というもの、うるわしの山河、それは「いかなる代償を払っても、いかなる破滅と引きかえにでもそれを欲するという、狂おしいまでの憧憬」は民草の気持ちの底のほうにあるようです。つまりそれが素朴な愛国心というもの。それに国家が乗っかる、大いに利用する、じつはそこが国家というものの恐ろしさであるようです。戦争中にそれをわたくしたちはいやというほど体験させられました。ついには見捨てられることも知らず、純な民草は国家に最後までついていったのです。

ドイツの民草もおそらくそうであったのでしょう。昭和八年八月には全人口の十五人に一人、成人（有権者）の十人に一人がナチス党員であったといいます。そしてそのまわりには、彼らを支持し、協力し、あるいは容認する人びとがほとんど。ビンディングがかくように「世界は、われわれが体験してきたようなことを、かつて体験したことがないのである。すべてはまだ始まったばかりである」とそう信じて。

余計な談義に少々うつつを抜かしました、ヒトラーのドイツに戻ります。

八月二日、大統領ヒンデンブルクが老衰で息をひきとります。その直前にヒトラーは大統領と首相の職務を一元化する法律（ドイツ国家元首法）を成立させていました。ヒトラーが〝総統〟と正式によばれるようになったのは、この老大統領死亡の直後に「政治的指導者兼行政の最高指導者」となったときからのようです。しかも同日、ブロムベルク国防相が、軍の将校および兵士は「ドイツ帝国と民族の総統にたいし無条件の服従を誓う、勇敢なる兵士として一身を捧ぐることを誓う」と、新しい軍の最高司令官ヒトラーに忠誠を表明したのです。

つぎの段取りは総統信任のための国民投票です。八月十九日、「国家元首法」の賛否を問うて行った全国民の投票で、なんと、投票率九六パーセント、賛成が八八・九パーセント（一説に八四・六パーセント）の圧倒的多数の支持を得たというのです。反対票が約五百万票ありましたが無視してもいい数として、ヒトラーは目出たく「総統兼首相」に就任します。

その二日前に、ヒトラーはすでにそのことを予感しつつもハンブルクでの信任選挙の演説で、声も高らかに叫んでいます。

「国家権力をめぐる闘争は今日をもって終った。しかし、われわれの高貴な民族のための闘いは続行されるであろう」（阿部良男『ヒトラー全記録』より）

◆ソ連の恐怖政治のはじまり

つねに頭の上に乗っかっていた重しがとれて、総統ヒトラーは自信をもって動きだしました。彼のまわりは、「炉辺グループ」または「深夜グループ」として知られる連中がしっかりと固めています。ゲーリング、ゲッペルス、ヒムラー、ヘス、ボルマン、リッベントロップと、これからも多分顔をだすであろう面々です。これらがヒトラーの名を借りて縦横に働きます。それでヒトラーは、あるいは天下独往といういう言葉がぴったりといっていい政治的活動で、世界史をひっかきまわしはじめるのです。

と、ヒトラーにのみ視線を向けているわけにはいきません。ソ連のスターリンも、ヒトラーの総統就任宣言のほぼ四カ月あとに、テロルによる粛清という恐怖政治に走りはじめたのですから。一説に、ヒトラーのやり方に刺激をうけて、彼とその一味が親衛隊やゲシュタポの巧妙かつ大胆なやり口を容赦なくとり入れたのだ、ということなのですが、確証があるわけではありません。しかし、そう考えたほうがわかりやすい。もっとも、ナチスの強制収容所システムはソ連からとり入れたものといいますから、もちつもたれつの国家的テロリズムであったのかもしれません。いまでも権力者が権力強化のため、頑強な批判者にたいする粛清という強硬手段にでるとき、同じテクニックをとるに違いありません。もっとも、現代のそれは殺戮といった残忍な手段ではなく、法で縛るという方法をとるのでしょうが。

事件の起こりは単純な殺人でした。中央から追放されたジノヴィエフからレニングラードのボスの地位をひき継いだ共産党書記キーロフが、スモーリヌイ院の真ん中の彼の事務所で昭和九年（一九三四）十二月一日に無残にも殺されたというのです。ここは以前は女学校で、レーニンが蜂起したところ、そしてそのときは党本部として使われており、人目につくところでした。犯人はすぐに逮捕され、事件はたちまち収拾されました。犯人は教唆者も共犯者もいないと自供します。

スターリンは夜行列車に乗ってその翌朝にはレニングラードに到着、いきなり出迎えの警察署長をぶん殴ったといいます。そのあとスモーリヌイ院に乗りこみ、この事件捜査の指揮をとります。彼のまわりには若く屈強の護衛がびっしりとりまいていました。彼らの手によって犯人はもちろんキーロフの護衛主任も死刑に処せられました。眼のあたりを腫らした警察署長はただちに収容所送り（三年後に殺される）。罪状は、武器をたずさえたテロリストが単身で党本部に潜入できる、そのような警備のたるみ、警戒心の不足は許し難いというものでした。と、まことに手際よくテキパキと処理をスターリンは護衛たちに下令するのです。

問題は、じつはそのあとなのです。キーロフは政治局穏健派グループでもっとも人望があり、スターリンの後継者ともみられていた人物。その彼をとり囲んで、スターリンの権力行使にかなりの制限を加えようとしてきたグループが存在していたのです。スターリンにはこの危険になっていくキーロフ一派をそのままにしておく気は毛頭なく、そこでこの暗殺事件をうまく利用して完膚なきまでに一掃しようとした。これが大量虐殺につながった、というのがいまは定説になっています。じつはキーロフ暗殺も、直接にか間接にか、命令を下したのはスターリン、ともいわれているのです。それに違いなかろうと思いますが、確証のある話ではない。なぜなら、キーロフ事件の証人たちは、間もなく死刑に処せられるか収容所に送られ、全員の姿が消えてしまったから。収容所に送られたレニングラード市民の数は四万人といわれていますが、痕跡はすべて地球上から消滅しました。

これら「叛逆者」を根絶するのは、それを実行するものたちにとっては、社会主義国家の建設という英雄的任務を遂行することであり、スターリンへの忠誠を語るものです。したがって、彼らが内部告発するはずもないわけです。

歴史的事実として年表などに残っているのは、この事件の二週間後、もうずいぶん前に中央から完全に遠ざけられ隠遁を強いられていたジノヴィエフとカーメネフが逮捕されたということです。しかもその告発状には罪状が一点の抜かりもないように練りあげられていたという。この二人は、トロツキー追い落としのためにスターリンが頼りとした古参党員であったことは第一話でもふれていましたので、想いだしていただけるでしょうか。スターリンもまた、ヒトラー同様、これからの権力行使のために個人的にも邪魔になるだけではなく、やがて力あるものとして形成されるかもしれないと予想される反対派は、残らず予防的に排除しておく、そうした徹底的に非情残酷な独裁者であったのです。反対派は有効な抵抗組織を形成する余地もなくつぎつぎに排除されてしまうことになる。それがいつからはじまったのか、正確にはわかりません。とにかく、予防的に片ッ端から排除しておく、テロルの本質はそこにあります。

なお、スターリンの冷酷残忍さを語るこんな話が残っています。彼が無作法に吐くツバの音を、上手に真似をするオウムが神経にさわるといって、愛用のパイプでその頭を殴りつづけ、オウムまで粛清してしまった、というのです。とても笑うに笑えないエピソードですが、その人間性がよくわかる話ともいえるのではないでしょうか。

こうしてヒトラーといいスターリンといい、悪魔的ともいっていい大量虐殺という、かいていてもおぞけをふるう事実が、完璧に隠しおおせるものではないことはすでにかいたとおりです。であるにもかかわらず、なぜ当時の世界の国々から一致してこのことにたいする制裁はおろか非難の叫びすらあがっていなかったのか。ヒトラーの場合は少しは知られましたが、スターリンのほうは世界にほとんど影響を与えませんでした。社会主義にたいして知識人たちはやさしかったのでしょうか。それとも、昭和四年（一九二九）いらいの「自国ファースト」の世界的な〝空気〟が、いわゆる三猿主義（見ざる聞かざる言わざる）を形成していたからなのか。国際連盟もほとんど動いていません。ファシズムと対決する決意、必要なら戦う決意などがそこからは固められるべくもなかったのです。

それに一九三〇年代のヨーロッパの国々には、つぎつぎとファシズムの流れをくむ政権がつくられていたのです。ムッソリーニのイタリア、ポルトガル、ハンガリー、トルコ、オーストリア、ルーマニアなど。そうした国々の民草はもちろん有識者層が、かりに事実を知らされたとしても、ヒトラー政権やスターリン政権の本質を見抜けるはずもなかったのではないか、とも思えます。半ば疑いを抱きながら結局は情報を聞き流していたのではないか。それにやっぱり多くの知識人はどちらかといえば左翼思想へと傾いていた、それで、事実を見れども見えずであったのか。

ではアメリカは、となると、ルーズベルト大統領のニューディール政策は着々と実をあげは

ベルリンで並んで行進するムッソリーニ（左）とヒトラー

じめていましたが、モンロー主義の殻はどうしてどうして固く、いぜんとして「アメリカ・ファースト」。自国の富裕が第一義でした。現実主義の輿論は、ヨーロッパではドイツのナチズム、アジアでは日本の軍国主義がもたらすかもしれない世界秩序にたいする脅威に一応の理解を示していましたが、みずからが出ていってすぐにどうのとは考えてもいませんでした。そしてスターリン政権には、共産主義にたいする反撥は根強くありますが、国際的な約束を踏みにじっているドイツと日本を押さえつけるためにはむしろこの社会主義国家を利用すべきだ、とはなはだ矛盾した政治姿勢を保っていたようなのです。

それにルーズベルトは生まれつきの国際主義者で、あまり世界各国の細かい動静に目を配ることはなく、とくに名指ししてその国を脅威と感じたり危険視したりすることはなかったようなのです。これがいちばんよくなかったかもしれません。

◆陸海軍それぞれの分裂

それならば、そのころの日本帝国そのものは……？

昭和九年一月、皇道派の重鎮・荒木貞夫陸相が体調を崩し、林銑十郎大将が陸相となり、さらに三月になって永田鉄山少将が陸軍省軍務局長の椅子につきました。このことによって帝国陸軍の中堅秀才グループ「革新」派の分化、そして抗争が激烈になっていました。と、昭和史となるとやや調子づきますが、このままつづけると、激烈化していったのは、満洲確保のために極東ソ連軍があまり強力にならぬ前に機会をとらえてソ連軍を撃破すべし、という「予防戦争論」派（皇道派）と、いまソ連に手をだせば日ソ全面戦争になるゆえその前に抗日・侮日の方針を堅持する中国に一撃を加えて屈服させておくべし、という「中国一撃論」派（統制派）との抗争なのです。しかも、昭和八年から九年にかけては対ソ戦争論がかなり現実味をおびていたのです。

しかし秋口になるころには、どちらかといえば腰のすわらない林陸相をうまくかかえこんだ「中国一撃論」派のほうが優勢になりつつありました。永田、東条英機、武藤章、池田純久といった連中による、ただ荒木譲りの精神主義と大言壮語とをもっぱらとする連中を、少しずつ巧みに中央部から異動させる術策が功を奏しはじめたといえると思います。その上に永田ます。

を中心として練られた国家総力戦構想は、頭が固く、時流に遅れつつあった陸軍の大将連を唸らせ「ウム、これでいこう」と思わせていました。しかも、永田ら秀才グループは国家革新をめざす他省の官僚グループ（新官僚）と提携して、おもむろに政治介入の力を強めていきます。

こうした「中国一撃論」派の堂々たる宣言ともいうべきものが九年十月一日に刊行された「国防の本義と其強化の提唱」（通称陸軍パンフレット＝陸パン）なのです。冒頭の「たたかいは創造の父、文化の母である」、あるいは「〝国防〟は国家生成発展の基本的活力の作用である」とか「国家を無視する国際主義、個人主義、自由主義思想を芟除し……」とか、おっかない文言が連ねられている文書です。

さらには議会改革、既成政党の解散、政党内閣制の否定、世論指導……など、とにかくすさまじい。これにはときの元海軍大将の岡田啓介首相も心配して林陸相に、いったい陸軍は何を考えているのかと詰問しました。陸相はぬけぬけと答えたといいます。

「いやいや、これらは国民も知識をもっていろいろ研究してくれ、という意味であって、決して実行を強いるものではないのであります」

こうした統制派とよばれた永田派の動きを、荒木大将のいう皇道主義、精神主義、そして対ソ攻撃論を主張する皇道派は、「国家社会主義」として危険視し、ここに両派の対立抗争はいっそう激しくなっていたのです。

では海軍は？　いや、こっちもおかしなことになっていました。ワシントン（大正十一年）、ロンドン（昭和五年）と二つの軍縮条約で、許すべからざる比率を米英に押しつけられたという鬱憤から、一枚岩を誇っていた帝国海軍も二つに割れて、陸軍ほどではなかったのですが、抗争を年ごとに強めていたのです。

「アメリカの極東侵略政策の第一歩が踏みだされたのがワシントン会議であった。それにわが日本はいいように乗せられた。ロンドン会議は、米英に関するかぎり、軍縮ではなく軍拡であった。世界平和ではなくて、日本を屈服させてのアングロサクソンの平和である。日本は戦わずして机上で米英に降伏したようなものである。いつまでも米英の頤使に従っていられるか」

海軍きっての政治的軍人といわれる石川信吾中佐の言葉ですが、そんな対米英強硬論が海軍中央の中堅士官たちの間にひろがっていました。アングロサクソンの世界戦略にひきずり回されてたまるものか、日本も独自の世界戦略をもち対抗せねばならぬ、というせっぱつまった感情のもとに強大なグループ（艦隊派）ができ、海軍をひっぱっていました。昭和八、九年ごろは「わが海軍に、自己の職務に専念せずしていたずらに天下の志士をもって任ずるというが如き、憂うべき空気が漂っていた」（草鹿任一大将の「手記」）という状況になっていたのです。

さらに悪いことに、八年一月に大角岑生大将が海相の椅子に坐ると同時に、伏見宮軍令部総長の勢威をバックに、愚かな大手術のメスを組織に入れていきます。いわゆる対米英協調派（条約派）といわれる提督たちの予備役編入（つまりクビ）の荒療治です。山梨勝之進大将（八年三月）、谷口尚真大将（八年九月）、左近司政三中将（九年三月）、寺島健中将（九年三月）、堀悌吉中将（九年十二月）、坂野常善中将（九年十二月）たち。いずれも次代の海軍をになうはずの軍政家たちであり、有数の国際感覚の持ち主ばかりでした。

この対米英協調派の主だった提督の整理は、つまり対米英強硬派の天下とりということになったわけで、彼らにあっては拳の一撃はそれが正しいか否かが問題ではなく、つねに強弱が問題となったのです。堀悌吉中将が海軍を去ったと同じ九年十二月、ワシントン軍縮条約廃棄が決定され、アメリカに通告されました。苛烈な建艦競争の時代がふたたび幕を開け、太平洋の波が荒立ちはじめました。あらためて反米英思想で民草は静かに煽られていきます。

少々張り扇の気味がありましたが、わが日本帝国ではそんな時代でした。陸軍では「中国一撃論」が大手をふって闊歩しはじめ、海軍では「アメリカ何するものぞ」との声のみが高くなっていました。陸軍はスターリン政権が内部的に混乱していることをむしろ歓迎していましたし、海軍は海軍で、米英が脅威論・危険論をそれとなく表明しはじめているヒトラー政権に、ややもするとあたたかすぎる視線を送りはじめていたのです。

もちろん、九年夏からのヒトラーの〝血の粛清〟の報も、同年暮から十年にかけてのスターリンの〝血の粛清〟の報も、日本には伝わってきていました。しかし、その正確さにおいては欠けること大であった。しかし、当時の日本人には、政治家、軍人、官僚などの指導者であろうと、実業家をふくめた民草であろうと、ヒトラーにしろスターリンにしろ、その人間像やその人物が及ぼす究極の影響について、それほど関心がもたれていなかったと思われるのです。要するに、この二人の恐怖政治にたいする研究がさっぱりなされていなかった。事実に学ぶ姿勢に欠けていた。そう考えるほかはない。というのも、その当の日本国内でも五・一五事件にはじまって、神兵隊事件、野呂栄太郎獄死事件、武藤山治射殺事件などと、要人殺害が報ぜられて、それほどテロが驚倒すべきことではなかったからです。

◆ナチス・ドイツへの傾斜

昭和十年（一九三五）三月十六日、国内的に盤石となったヒトラー政権は、がぜん対外的にも強硬策をつぎつぎに実行していきます。まず再軍備宣言が打ちだされます。ヴェルサイユ条約による軍備制限条項の履行を拒絶、これを廃棄し、十八歳から四十五歳までの徴兵制を布き、二十万の国防軍を三十六個師団・五十五万人の常備軍に拡張することを明らかにしました。

しかもゲーリングを総指揮官とする空軍を創設することも宣言。ヒトラーに忠誠を誓った国防軍（とくに陸軍）はその栄えある伝統を踏みにじられた格好になりましたが、文句のいえる筋合いはありません。ナチス党員の比重が重くかかった空軍は、陸軍を軽蔑視しましたが、陸軍のほうもこの生意気な新参者をそれに劣らぬくらい嘲りの目でみていました。総大将のヒトラーはそれをすこぶる楽しそうに上から眺めていたのです。

イギリスにもフランスにも、ヒトラーの暴走を阻止する決意も力も準備すらもありませんでした。フランスは隣国であるだけにかなり慌てふためき、国際連盟に提訴したり、スターリン政権にすり寄り友好を深めることで、自国の力を強化しようとしたりしました。イギリスはとくに何かしようともしませんでした。

ヨーロッパ諸国の恐慌状態を尻目にヒトラーは国会で、まことに洒々とした大演説をぶつのでした。五月二十一日のことです。

「ドイツは平和を必要とし、平和を欲している」

「不誠実なリトアニアをのぞくすべての隣国と相互不可侵条約を結ぶ用意がある」

ところが、この演説は、ヒトラーその人が平和主義者としてヨーロッパの国々からは額面どおりにうけとられ、安心感を与え、ドイツ孤立化の潮流を逆転させた（阿部良男氏の著作より）というのですから驚きです。英仏もまたヒトラーにたいする研究がまだおざなりであったのでしょうか。

ドイツの民草は、もちろん喝采しました。われらが平和を愛する総統は、西欧諸国が頑迷な態度を改めず、ドイツ憎しの陰謀を企てたりすることを断乎として排除し、祖国の名誉を平和裡にとり戻しつつあると、そう信じることができたからです。もはやきびしすぎる賠償の必要はなくなり、脱退することで国際連盟とのややこしい関係ともオサラバしました。

それだけでなく、この年の五月十九日、最初のアウトバーン（帝国街道）の、フランクフルト―ダルムシュタット間の高速道路が見事に完成しました。自動車生産への減税でフォルクスワーゲンの開発も着々と進んでいます。それらは民草たちの胆を奪ったような快挙です。じつはヒトラーの腹には機甲軍団を自在に走らせるための軍事的道路というひそかな目的があったのですが。民草は意図はどうあれ喝采せざるを得ませんでした。まことに政治宣伝としても効果的でした。このあとのドイツの完全な主権の回復は、「ヴェルサイユの鎖」の最後の環＝ラインラントの非武装化が粉砕されるときなのです。

ヒトラーはそのことをとくに承知していました。そのための軍事力の回復そして強化なのです。こうして最後の鎖を断ち切るとき、ヨーロッパ諸国からの猛反撃を食うことなしに、静かに成功し得るような機会をじっと狙っていたのです。これを後世の歴史家は「子守歌戦術」とうまく評しています。

すでに『昭和史』や『B面昭和史』でかいていることなんですが、昭和十年のこのころの日本帝国の情勢についてちょっとふれておきますと、アングロサクソンにたいする敵意が深まるにつれ、ドイツのアウトバーンの建設などが大きく報道され、そのめざましいかなたの国の勃興ぶりには瞠目していました。民草はともかく、陸軍はもちろん、ソ連の五カ年計画の成り行きにも注目はおさおさ怠りなかったと思います。が、そんな外側のことよりも国内問題のほうがはるかに大事です。

年表風にならべながら説明することにしますと、二月十八日に天皇機関説問題がまず大騒ぎとなりました。衆議院の議場で、美濃部達吉博士の著書は国体を毀損するものであるとの弾劾に端を発した問題で、じつはその美濃部攻撃の目的は、政界上層部の穏健派ないしリベラリストを一挙に葬り去ろう、というところにありました。そのためにもうてんやわんや。昭和史をいっぺんに暗いものにしました。

三月二十三日、衆議院が満場一致で国体明徴を決議します。

「天皇ありて国家あり、国家ありて天皇あるのではありません。而かもこれ一体不可分の関係におかせられてあります。故に君臣一如、君国一体の金甌無欠の国体は三千年の伝統となり、恒久不変に確保せらるるのであります」

四月十日の文部省訓令がさらにこれにつづきます。

「……おもんみるに、我国体は天孫降臨の際下し賜へる御神勅により昭示せらるる所にして、万世一系の天皇国を統治し給ひ……」

すなわち、天皇機関説のごときは世界に二つとないわが国体の本義をあやまるもの、天皇の国家統治の大権は神代の昔から決まっていることである、というわけです。それが国体明徴ということなのです。

といった具合で、〝血の粛清〟などという他国の物騒な事情がどうであれわれにかかわるところなしで、日本国内は喧々囂々。その上にまた、陸軍部内では、総力戦構想による国家改造を目的とする統制派と、精神主義・皇道主義を重視する皇道派の対立抗争は、統制派優勢のうちにより激化していました。その結果が、皇道派の重鎮の教育総監真崎甚三郎大将の罷免（七月）として現れ、それにたいする仕返しとして統制派の中心人物の軍務局長永田鉄山少将の暗殺（八月）という事件が起きたのです。犯人の相沢三郎中佐は「天誅を加えたのである」とうそぶいたといいますが、たしかに本人は殺人を正義の行動と確信していたようなのです。

そしてこの抗争のピークとなるのが、翌十一年の二・二六事件というわけなのです。

◆ベルリン五輪と一等国

昭和九年（一九三四）のワシントン軍縮条約破棄につづいて、十一年一月には、ロンドン軍縮条約からも日本帝国は脱退しました。いよいよ日本帝国は、ナチス・ドイツと同じように、国際連盟を中心におく世界協調路線を無視して独往邁進でおのれ独自の道を歩きはじめたのです。と、ゆっくりと昭和史をかいている余裕などは、じつはなかったのです。そうです、二月二十六日、完全武装の陸軍部隊千四百余名による重臣暗殺の大事件が起きたのですから。昭和史を根本から揺るがす大事件の勃発でした。

この国家的大事件にさいして、内閣は無力そのもの、当の陸軍首脳はなすところを知らず右往左往しました。彼らを〝決起部隊〟としてひたすらなだめようとしていましたのに、ひとり毅然として〝叛乱軍〟と彼らをよび、討伐せよと命じたのは昭和天皇です。

「かかる凶暴の将校らはその精神において何の恕すべきものありや。朕みずから近衛師団を率い、これが鎮圧に当たらん」

まことに堂々たる大元帥の言葉でした。

と、二・二六事件のくわしくは『昭和史』ですでにかいていますので、これまでとしますが、四日間にして叛乱は鎮定されて民草には日常の生活が戻ってきました。その直後の四月十五日のことです。外務省が妙なことを発表しました。詔書、公文書などのなかでこれまでは日本国、大日本国、日本帝国、大日本帝国などとまちまちに呼称されてきたが、本日より「外交文書には大日本帝国で統一する」。また、皇帝と天皇とが混用されてきたが「大日本帝国天皇に統一する」とも国民におごそかに知らせたのです。

単なる言葉の問題ではありません。その裏に、もはや民草ではなくて、これからは日本国民たれ、という意識の新しい転換が民草一人ひとりに要請されたのです。いいか、これからは世界に冠たる大日本帝国国民なるぞ、というわけです。同時に、今後は威厳と権威にみちた重々しい国名で、欧米列強との交渉にあたる、という決意を国家が外にも示したということなのです。寂しい〝世界の孤児〟にあらず、というわけです。いよいよわが国も、ナチス・ドイツのごとくに、天下独往でいくの意志を全世界に明示したのです。

そのナチス・ドイツの天馬空を行くごとき独往の第一歩が、その前にありました。三月七日の夜明けにドイツ陸軍の先発部隊がラインラントへの突如とした進駐を開始したのです。これはイギリス・フランス・イタリア・ベルギーそしてドイツの五カ国の間で締結されたロカルノ条約を勝手に踏みにじるものでした。そしてフランス・ベルギー国境ぞいに要塞をただちに建造しはじめる。ヴェルサイユ条約に規定されているライン非武装条項の遵守と、相互の不可侵を完全に破った強硬な軍事進出です。それをヒトラーはいまこそ完全な主権回復のチャンスだと、シャハト蔵相やブロムベルク国防相の反対も無視して、進駐命令を下したのです。ゲーリング空軍相とゲッペルス宣伝相は積極論者であったようですが。

しかも進駐したドイツ軍はわずか三千人。もし強力な抵抗にあったならば、ただちに撤退せよ、との命令をうけていたといいます。ヒトラーとしては珍しく慎重、かつ大胆不敵な軍事行動でした。

ところが、不意をつかれたロンドンとパリの両政府はまたしても大恐慌をきたすだけでした。電話でしきりに連絡をくり返し、対策を協議しましたが、ラチはあきません。国境を接して直接に脅威をうけるフランスは、ある種の覚悟は固めたものの、自国の軍事力で立ち向かうだけの決意なし。イギリスも「もしドイツがフランス、ベルギーを攻撃したならば、その援助の義務を負う」と表明はしたものの、積極的な軍事行動にでる意志などは示そうともしませんでした。結局は、粘り強い外交より、劇的な行動こそおのれの威信と意志を示すと考えるヒトラーの大勝利となったのです。

それがどういう影響を将来にもたらしたか、と考えてみれば、答えはおのずから明らかです。相当に悪辣な国際協定の侵犯行為にでても、西欧諸国はなすがままに任せてただ黙認する、とヒトラーの信念を強めさせるだけ、ということであったと思います。いまどこかの国の大統領も似たようなことをやっている。歴史の教訓に学ぶときと、わたくしは考えています。

そしてライン進駐に危険千万であるからと反対していた国防軍の将軍たちは、その面目を全員が失い、ヒトラーの荒々しい直観がかえって威信をいっそう強めることとなる。いっそう頑強となったヒトラーのこの人並はずれた自信が、八月のベルリンで開催された第十一回オリンピック大会で、さらに驚くべき宣伝戦を展開することで大輪の華をひらかせました。いまやナチス・ドイツは押しも押されもしない強大国の一つにのし上がったのです。

このベルリン大会は昭和六年（一九三一）のＩＯＣ総会ですでに決定されていたのです。じつは大正五年（一九一六）にベルリンで開催のはずであった第六回大会が、第一次世界大戦のために中止となった、その代わりとして世界が承認したものでした。はじめはオリンピックはユダヤ的なものであり、莫大な資金が要るからとして反対の声が国内で高かったのです。しかし、ヒトラーが首相となり、ユーバー・アレス（「世界に冠たれ」）というドイツ国歌にうたわれた伝統的ドイツ思想を世界各国に示すためにも絶好の機会となる、というヒトラーの鶴の一声で文句なしに開催と決まったといいます。それだけに国費を思う存分に投入、軍隊まで動員

ヒトラーの威信を高めたベルリン・オリンピックの入場式（1936年８月）

して派手派手しく挙行されました。それにしてもまことにいいときに挙行されたものよ、と思わないでもありませんが……。

聖火リレーもこのときを嚆矢としています。太陽の神アポロの火をツアイスのレンズでとり、これをギリシャのオリンピアからブルガリア、ユーゴスラヴィア、ハンガリー、オーストリア、チェコスロヴァキアをへてドイツに運ぶ。三千七十五キロを千数百人がリレーして開会式で聖火台に点火される。そうした意想外の演出もふくめ、いやはや、ヒトラーの考えそうな大がかりのお祭り騒ぎで、世界中をアッといわせました。

この大会での日本選手の活躍については『B面昭和史』でかきましたのでそっちへ譲りますが、このとき大日本帝国は国威をナチスに負けずに世界に示すため（四年後の東京オリンピックのためのデモンストレーションの意味もありましたが）役員六十七名、選手百五十四名を送りこんだのです。この資金を思いきって投入しての壮挙はドイツ国民を喜ばせたようですが、ヒトラーや政府筋、ドイツ組織委員会には、日本がみずからを大帝国と買いかぶっていたほどには大歓迎とはいかなかったようです。大会後は兵舎に転用される予定で新設され設備もとのった選手村には入れてもらえず、ハンガリーやチェコスロヴァキアなどとともに、古びた旧兵舎の選手村のほうに寝泊まりすることになりました。

ボートレースの日本代表となったわたくしの先輩が、「わが国は一等国をもって自負していたんだけれどね、ヒトラーはかならずしもそうは思っていなかったのじゃないかね」と、ずいぶんのちのちまでボヤいていたのを覚えています。先輩もわたくしも、日本について侮蔑しきった部分が完全に削除された戦前刊行の『我が闘争』しか読んでいなかった時代の話です。

その自称一等国の、世界五大強国の一つの大日本帝国がナチスに鞠躬如としてすり寄るのは、それからほぼ三カ月後というのですから、少々情けない気持ちになってきます。

◆スペイン戦争と「ゲルニカ」

その前に直接的には日本と大きくは関係ないことですが、世界を揺るがせた戦争（内戦）が起こったことをかかなければなりません。

この年（一九三六年）の二月の総選挙で、中道および左翼政党など複数の政党が、連帯して人民戦線を形成し、右翼勢力に対抗して戦って大勝利を得た結果、スペインに共和国政府が成立しました。ところが、七月十七日、極右グループの支援をうけたフランコ将軍に率いられたモロッコ駐屯のスペイン軍がクーデタを起こし、本土に向かって攻撃を開始すると表明、これに政府はもちろん断乎撃滅を宣言します。スペイン戦争の発端です。

と、この項をかきだしたものの、スペイン戦争はケリがつくまで二年半もつづき、結局はフランコ軍の勝利となるのですが、くわしくかいている余裕はここではありません。イギリスの作家G・オーウェルの従軍記ともいえる名作『カタロニア讃歌』をその昔に読んで、やるせなくも悲しかった記憶のみがわずかに残っています。その一節を引用するにとどめようかと思います。

「……私が前線で知った兵士たち、ある者は戦死し、ある者は不具になり、ある者は獄舎に、知る由もないまでに散り散りになっている彼ら——その大部分が今もなお無事で健康であることを私は願う。みんなの幸運を祈る。そして彼らが戦争に勝って、外国人を全部、ドイツ人もロシア人もイタリア人も同じようにスペインから追い出すことを私は願う。私が無益な役割を演じたこの戦争は、大体においてひどく悪い記憶を私に残しはしたが、それでもなお私にはそれを後悔する気持にはなれない……」

オーウェルはこのとき三十三歳。そうなんです、この戦争では、世界中から二十代、三十代の若者たちが、だれに頼まれたわけでもないのに自発的に、その理想のために命を賭して外国の戦場へ赴いていくという事実があった、ということぐらいは心に銘じておいて欲しいのです。

オーウェルの文章のなかにありましたように、スペインの国民にとっては本質的に内乱でしたのに、ヒトラーとイタリアのムッソリーニはフランコ側に武器を送り、将兵を派遣し攻撃に参加し、たいしてスターリンは政府側について武器や将兵を送りました。米英の両大国は中立を表明して正式には介入してきませんでしたが、いろいろな形で政府側を応援し、スペイン戦争は、これら大国の代理戦争の様相を呈したのです。そのために戦争は長びき、平和の鐘はなかなか鳴り響きませんでした。つまるところは、これらの諸外国はつぎの戦争に備えて武器、たとえば飛行機の戦闘力の実戦訓練場ともスペインを考えていたのです。外国の介入がなければ、これほど戦場が輻輳し戦闘が長びき、悲惨になることもなかったのではないか。しかも、ヒトラーもムッソリーニもスターリンも、そのほか武器や将兵を提供したすべての小国もふくめて、当然支払いをスペインに期待していたというのですから、何をかいわんやというほかはありません。

一つエピソードを加えておきます。戦争のはじまった翌年の昭和十二年（一九三七）四月二十六日、ドイツ空軍の四十三機がバスク地方の小都市ゲルニカを三時間にわたって爆撃しました。この爆撃で住民約千人が無残な殺され方をし、建物の七割が破壊され、歴史のある町は消滅同然となりました。ドイツ空軍はこの小さな町の歴史的重要性なんかまったく知りませんでした。ですから、この無差別爆撃ができたのでしょう。

ピカソの有名な大壁画があって、スペイン戦争といえば「ゲルニカ」ということになりました。「スペインを苦痛と死滅の海に投げこんだ軍閥にたいする憎悪」をそこに表現した、とピカソは語ったといいます。そしてピカソその人はフランコ軍事政権下のスペインから亡命を余儀なくされたのです。が、この絵をパリ万博のスペイン館用に依頼したのは、なんと、プロパガンダにかけては世界一巧みなコミンテルン（共産主義インターナショナル）だったというではありませんか。多分、ピカソは知らなかったでしょう。もしわたくしが教えられた話がほんとうなら、あの名画はフランコ政権を正当化するためのもの、歴史とは皮肉なものよ、と同じ歎きをくり返すばかり、ということになります。

それはともかく、もう何十年も前になりますが、ニューヨークの近代美術館の第三〇号室の正面に飾られていたこの大きな壁画を実見したとき、わたくしはやっぱり息を呑みました。圧倒的な圧力で戦争の悲惨さが心にのしかかりました。昭和二十年（一九四五）三月十日の東京大空襲で数限りないほど見せつけられた黒焦げの炭化した焼死体をいやでも想いださざるを得なかったからです。いまこの壁画は、昭和五十六年（一九八一）九月十日にアメリカから返還されて、スペインにあるといいます。ピカソはその八年前に亡くなっていましたが、フランコの死後に民主化されたスペイン国民の総意によって還されることは、この画家の終生の願いであったとのことでした。〝孤独の王様〟も泉下で喜んだにちがいありません。

◆日独防共協定の調印

いっぽうではオリンピックの熱狂、いっぽうでは血で血を洗う戦争と、ヨーロッパ情勢は昏迷を深めておりました。とくにスターリンにとっては、反共を標榜する独伊が手を握ったという事実は最大の関心事となった上に、アジアでは軍縮条約をすべて廃棄して日本が強国化しつつあることにも、迫りつつある危機を感じないわけにはいかなかったのです。しかも中国では蔣介石の国民党と毛沢東の共産党が争闘を展開しているのも頭の痛い問題でした。

これをまた、いっぽうのヒトラーの側からみれば、スペイン戦争はスターリンのソ連がいよいよ歯をむきだし拡大主義の野望をあらわにしてきたことを意味し、黙視しているわけにはいかない危機と認めるほかはなかったのです。九月十四日の党大会でヒトラーは例のごとく身ぶりも大きく演説しています。

「ボルシェヴィズム（ソビエト共産党）は、国家や社会の区別なく、全人類の秩序の基礎、われわれの文明観念、われわれの信仰およびわれわれの道徳の基礎を攻撃し、いまやそのすべてが一様に危機に瀕している」

この危機と敢然と対抗できるのは、鳴りをひそめている米英を別とすれば、わがドイツとイタリアのみ。ほかの国家はソ連にたいして戦いを挑むことはとてもできない。そう観察しながらも、ちょっと遠くに視線を及ぼせば、アジアには日本という躍進しつつある国があるではないか。この国はソ連のかもしだす危機に対抗できるアジアで唯一の強国ということができる。しかもその日本は、この夏のベルリン五輪の開会入場式で、選手団は整然と隊列を組んでナチス・スタイルで開いた手を横にだし、われらが総統に礼儀正しく敬礼して行進していった。それがドイツ観衆を大喜びさせたではないか。その年の夏の真っ只中から、ヒトラー政権はがぜん日本に興味をもち好意を寄せてきたのです。

そのことをまた大歓迎したのが日本陸軍なのです。

また『昭和史』をなぞることになりますが、二・二六事件後から組閣した広田弘毅首相は、たしかに口では「陸軍の横暴を抑え善導する」といってはいましたが、結局その政策はすべて陸軍のいいなり、善導どころか「屈服」する格好になり、のちに重大な影響を与えるとくに三つの政策を実行に移します。「国策大綱」の制定と軍部大臣現役武官制の復活、そして日独防共協定の締結。すべて陸軍を喜ばせるものばかりでした。

ここでは日独防共協定に限ってかきますが、ドイツ側からの話しかけは、この年の夏の初めごろにナチス党外交担当リッベントロップ（十三年二月に外相就任）が、ドイツ駐在陸軍武官の大島浩大佐に日独攻守同盟を提案してきたときにはじまります。その裏の動機にはリッベントロップの個人的な功名心があったといいますが、大島は「対ソ攻守同盟ならば」と返答しました。二人の間だけの秘密裡の交渉でしたが、五カ年計画によるソ連極東軍の強大化で対ソ戦略に頭を痛めはじめている陸軍中央部には、この話は渡りに船の誘いであったようです。それに前年の八月にモスクワで開かれた第七回コミンテルン会議で、スターリンが日本とドイツをともにファシスト侵略国といい、激しい言論攻撃をかけてきていたことも影響していました。

さらにはこの年の六月九日、駐ドイツ日本大使の武者小路公共が総統官邸によばれたとき、ヒトラーにこういわれたという報も伝わっていました。

「自分は日本と協調していきたい。自分は共産主義と妥協することなく戦うことが、ヨーロッパを救う唯一の道であると心得ている」

ヒトラーの考えがそうであるなら、そのドイツと対ソ軍事条約を結ぶことで東西からソ連挟撃態勢をつくることは、大日本帝国にとってはまことに妥当な戦略であり政略である。そう考える陸軍中央部からは大島武官へ交渉をより進めるように指令が飛んでいきます。その後の細かい経緯は略しますが、こうして十一年十一月二十五日に、ベルリンで日独防共協定(正式には「反コミンテルン協定」)が調印されることとなったのです。陸軍の強い要望で広田内閣はこれをあっさり受け入れました。

くり返しますが、それまでベルリンの日本大使館も東京のドイツ大使館も、交渉には直接には参加していなかったのです。『昭和天皇実録』にも十一月二十五日には「協定及びその附属議定書の調印が行われ、二十八日に公布される」とそれだけが記されています。が、その前の十月三十一日の項に面白いことがかかれているので、ちょっと驚かされます。

「この日、今後ドイツ国宰相と恒例親電を交換することを御治定になる。これにより、同国宰相アドルフ・ヒトラーよりは、天長節に際する祝電が翌年以降毎年寄せられ、また天皇よりは、翌年より毎年五月一日の同国国際日に際して祝電を御発送のこととなる」

日独両国がすでに相接近し親しくなっていることが明らか、ということなのでしょう。

なお、附属議定書のことが『実録』にありましたが、これが存在したということが、じつは肝腎なところなのです。列強がひとしく想像したように、日独どちらの国であろうとも、もしソ連から攻撃をうけるようなことがあったときには、日独両国はかならず相互に援助するという固い約束がなされていた、と附属議定書にはかかれていた、ということなのですが、どうやらそういうわけではなかったようなのです。ただ、それが明記されていたかどうかが問題なのではなく、国際連盟から脱退した二つの大国がしっかりと結びついたというのがそもそもの問題なのです。そのことについては、元外相の幣原喜重郎が陸軍の長老宇垣一成大将に語った言葉が、まさに図星を突いているといえます。

「相手がロシアに限るなどということは、出来るものではない。ドイツがイギリスと戦うとか、イギリスがロシアを援けるとかしたらどうする。同盟というものは、かかわり合いが出来るもので、区別して大丈夫だなどといえるものじゃない」（『外交五十年』）

つまり「防共」を越えてそれはかならず軍事同盟につながっていく、それが協定というもの。

事実、この協定の延長として日独伊三国の軍事同盟が十五年（一九四〇）九月には成立し、太平洋戦争への導火線に火をつけることになったのはご存じのとおり。原田熊雄『西園寺公と政局』に、広田首相のいとも呑気な述懐があります。

「日独条約が出来たので、大体陸軍の中の空気も満足しておるように思われる」

まったく何をおっしゃる広田さん、といいたくなります。世界の眼光はそれはそれはきびしく、日本政府（というより軍部）の意図を見抜いているのです。[*1] 駐日ソ連大使との会談を綴ったアメリカ大使グルーの『滞日十年』をまた引いてみます。

「彼〈ソ連大使〉はこの軍事協定は疑いもなく英国を目標としているといい、私がその理由を聞くと、それは戦争が起った場合、英国海外領土と蘭印〈現インドネシア〉とを両国で分割することを考慮しているからだと答えた。これは日本の南進政策とドイツが植民地を欲している線にそっくり沿っているともいった。（中略）彼は日独協定が、日ソ関係に大打撃を与えたということを強調していた」

広田内閣が八月に決定した「国策ノ基準」の「外交国防あいまって東亜大陸における帝国の地歩を確保するとともに、南方海洋に進出発展する」の大方針〝南北併進〟がそのままソ連大使に読みとられ危険視されていた！　なんとも列強が警戒を強めるだけの高圧的な政策を広田内閣はいくつもきめていたことか。満洲国という傀儡国家を建設したからつぎは東南アジアの列強の植民地へ。大日本帝国はすでにして増上慢な国となっていたのでしょうか。

◆スターリンの「大量虐殺」

前々からそれとなく噂にのぼっていましたが、まさかと思っていた日独防共協定の調印は、世界の国々にさまざまな、小さからぬ反応を起こさせました。イギリスはそれまでにもヒトラーにたいして相当にきつい牽制をくり返していましたが、もはやこの独裁者を説得するのは無理とこのときに諦めたといいます。しかし、それではどうしたらいいかとなると思い惑うばかり。フランスは途惑いつつ国境線の防禦態勢（マジノ線）を固めはじめる。アメリカは、ルーズベルト自身は怒りをかなり示しましたが、国内の大きな経済的な困難の克服を優先しなければなりません。とにかく、おかしなくらいアメリカの輿論はいぜんとして孤立主義に傾いていたからです。さらに少々大袈裟にいえば、欧米諸国では『わが闘争』にかかれているようにドイツの領土拡大は東方、つまり絶え間ない攻勢の目標をポーランドそしてソ連においていると、そう強く観測していたのではないかと考えられます。

そうであるから、この協定にもっとも大きな危機感を抱いたのはソ連、ではなく、スターリンその人であったのです。とくに三月に非武装のラインラントにドイツ軍が進駐したということが、スターリンの猜疑心に火をつけたのですが、そのあとでの日本へのヒトラーの奇妙な接近です。スターリンの眼には日本とドイツは好戦的な侵略主義の権化にしかみえない。しかも両国ともソ連を敵視し、国際連盟を愚弄している。その国連なんかそもそもが当てにできない、ばかりではなく、モスクワにたいする西欧諸国の態度は相も変わらず不信にみちている。といって、それはすべて日独防共協定が誘発したなどと強弁するつもりは毛頭ありませんが、そうした外的な諸条件がスターリンの心に、国内的にも警戒と疑惑と残忍さとを巨大に育てあげたにちがいないと思われるのです。

それが、すでに在獄中であったジノヴィエフとカーメネフと、それほど人物でないそのほかの被告たちにたいする裁判が、まったく前ぶれもなく八月十九日から二十四日にかけてモスクワでひらかれた理由でありました。それはたしかなことであったと思います。

キーロフ殺害に関連して被告席に昨日までの仲間であった共産党員が坐らされた例のないわけではありませんが、レーニンの側近でありスターリンの協力者でもあったこれほどの大物二人がいまや牢獄から引きだされて坐るというのは、かつてないことでした。ソ連国民が震えあがったか、平然と眺めていたのか、はっきりしません。しかし、いまや全力をあげて建設しようとしている国家にたいする〝叛逆の罪〟しかも共謀の罪もあるという党中央委員会の発表は、民衆の恐怖心に訴えるところは大きかったし、より広範囲の新しい恐るべき粛清をある意味では正当化するものであったのです。つぎつぎに被告席に坐らされるものたち、つまり叛逆を共謀するものたちはすべてトロツキストのレッテルのもとに一括されました。彼らは亡命中のトロツキーの秘密命令に従い、国家を転覆するための援助を求めてドイツと日本と共謀した、とほぼ共通して罪状を読みあげられました。

ジノヴィエフとカーメネフは、一説に、家族には手をふれない、自分たちの命は助けるという交換条件で、とにかくすべてを自白することに同意した、ともいいますが、どうでしょうか。真偽のほどはいずれにせよ、裁判の終わったあと一日も経たないうちに二人ともあっさり銃殺されています。この二人の大物の始末がすむと、スターリンは間髪をいれずに逮捕していた十六人の被告を有罪と認め、すべて銃殺刑に処しました。

党の中央委員会の政治局は、スターリンに忠実でそのいいなりになる連中で構成されていて、反対のハの字もいうものはなかった。

「彼〔スターリン〕は会議の司会さえもしなかった。たいていの場合、彼は黙って討議に耳を傾け、ときおり庶民の使うような皮肉や半ば冗談だが意味深長な脅し文句を吐いたり、たまらないといった身振りを突然示したりするだけだった。だが、これで大部分の問題は決定された」（ドイッチャー『スターリンⅡ』）

第一回の叛逆罪による死刑が行われたあと、五カ月後の十二年一月には、同じように世界を驚かせた第二の大々的な裁判がひらかれ、結果は被告人たちは死刑あるいは流刑でした。こうして、このあと独裁の恐怖をテコにしてスターリンは、だれであろうと血も涙もないやり方で〝内部の敵〟を殺すことができるようになりました。〝粛清〟（ロシア語で「チーストカ」）はこの十一年から十四年（一九三九）にかけて、もはやスターリンの、いやないい方ですが、独擅場となったのです。少しでも疑われた人びとは夜中に連行されていって、その後は決してその姿がみられなくなった。心ある人たちには夜の到来が恐ろしかったといいます。
「世界史のなかの昭和史」と題している以上、かいていても心が痛むばかりであるし、昭和史にとくに関係のないソ連の国民の悲惨についてはこれまでとしてやめます。ただ、昭和三十一年（一九五六）二月二十四日、ソ連共産党第二十回大会の最終日にスターリンを徹底的に批判し、世界中を愕然とさせたフルシチョフ第一書記の演説があげた数字だけは紹介しておきたいと思います。すなわち、昭和九年の第十七回の党大会で中央委員に選ばれた百三十九名のうち九十八名――つまり七〇パーセントが、昭和十二年から十三年の間に逮捕され銃殺されている、というものでした。さらには、第十八回党大会（昭和十四年三月）に出席した代議員千九百六十六名のうちの千八百名が同じ運命にあった、というのです。

フルシチョフは個人崇拝を否定して集団指導を、とこのとき強調していたのですが、〝無謬の人〟にして大祖国戦争の〝勝利の父〟であり、党書記長・首相かつ大元帥であったスターリンを、完膚なきまでにこきおろした、この発表のさいの驚きをわたくしはしっかり覚えています。[*2] しかし、ほんとうのところ大量テロルの犠牲者の数はどのくらいであったのか、確かな数を手に入れることは不可能。もちろん再調査もされていないようです。

それにしても世界の知識人たちは、このおぞましき何年にもわたって行われた大量殺人の事実をその当時はまったく知らなかったのでしょうか。そんなことはないと思います。祖国を逃れでた多くの人たちの口をとおしてかなりの情報を得ていたのですから。にもかかわらず、かならずしもこれをきびしく糾弾する声をもち合わせていなかったようなのです。原典に当たることはできませんので、イギリスの歴史家Ｐ・ジョンソン著の『現代史』上巻から孫引きして、たとえばフランスの作家アンドレ・マルローが語った言葉をあげてみます。

「宗教裁判がキリスト教の根源的な権威を損うことはなかったように、モスクワ裁判も、共産主義の本質的な権威を傷つけてはいない」

もうひとり、わたくしが中国古代の非戦論の思想家を扱って『墨子よみがえる』をかいたとき、大いに学ぶところのあったドイツの詩人・劇作家ブレヒトの、まったく思いもかけないような発言も引いてみます。

「モスクワ裁判はスターリン政権に対しいかに陰謀の数々がうず巻いているかを明確に示している。国の内外を問わず、ならず者や人間のくず、犯罪者、情報屋がなんと多いことか……そういう唾棄すべき連中……によって計画された恥ずべき悪行の数々。私はこれが真実だと信じている」

まったく、この反戦的な詩人よ、あなたはその当時ほんとうにそう思ったのですか、という歎きを発するばかりです。当時の知識人たちにとって、あるいはナチス・ドイツや大日本帝国のほうが国際法無視の無法の国家であり、世界平和秩序の維持のためにはるかに危険である、それらファシズムに断乎として反撃できるのはソ連のみ、とでも考えられていたのでしょうか。もういっぺん、いやはや、というのみです。

◆国共合作が協定されたとき

「金曜日　早暁、神嘉殿南庭において四方拝を行われる。ついで、歳旦祭につき、賢所・皇霊殿・神殿において御拝礼になる。午前八時、鳳凰ノ間における晴御膳に臨まれる」

と『昭和天皇実録』にあるように、満洲事変、五・一五事件、二・二六事件と穏やかならざる歳月をへてはいるが、この年もまたいつもの年と同じように天皇は心静かに昭和十二年（一九三七）の年明けを迎えました。いや、陰鬱なるさまざまな事件から離れて、穏やかにと祈りつつ、新しい年を迎えるつもりでしたでしょうが、そうはいかないのが歴史の苛酷なところです。十一年暮の、昭和史にとってもかき落とせない重要な出来事のあったことを忘れてはいけなかったのです。十二月十二日に起きた西安事件です。

父張作霖を爆殺された蔣介石軍麾下の張学良は心底から日本軍を怨み、対共産党軍との戦闘に闘志をわかそうとはしません。その手ぬるさに業をにやした国民党の蔣介石が、督戦すべく南京から西安へ飛来します。「真の敵は日本軍です」と主張する張学良は、頑として自分の意見具申をきかない蔣介石を、それならばということで監禁してしまうという一種の叛乱の挙にでたのです。これがいわゆる西安事件なのですが、問題はその蔣介石をどうすべきかでした。殺すか、このまま隠遁させるか。その報をうけた延安にいた毛沢東はその即時の処刑を強くのぞみましたが、なんと、スターリンが反対したのです。周恩来もその主張に同調して毛沢東を説得します。

そのときのスターリンの胸中には、政権転覆や要人暗殺を企む〝敵〟の手先がソ連国内に多く入りこんでいるという猜疑心が深く食いこんでいました。さらには、満洲建国の成功で意気軒昂たる日本軍の攻撃を心から恐れています。いまは内部の敵との戦いに全神経を集中せねばならないとき。さりとて、アジア方面の国境を放っておくわけにはいかない。やむなくソ連軍の全歩兵部隊の四分の一、赤軍が備えていた大砲の総数の二〇パーセント、戦車の総数の二二パーセントをソ満国境線に送ってこれを配置する、という巨大な国土を防備するためにできるかぎりのことをしていました。

蔣介石（左）と毛沢東。のち1945年の重慶会議で和合した際のツーショット

そうしたスターリンの戦略観からすれば、中国が内部抗争に明け暮れていることをそのままにしてはおけないのです。といって、これまでのようにそのイデオロギー上の信念のもと、国民政府打倒を唱える中国共産党の活動の支援だけですましておくのは愚策で

しかないことになる。日本軍に当たるためのとるべき戦術は、国民党と共産党が一つになる、つまり国共合作これあるのみ、ということなのです。ところが蔣介石がモスクワを信頼していないことがはっきりしている。そこでスターリンは毛沢東を説き、毛沢東がやっと折れると、周恩来に蔣介石説得を督促して蔣介石監禁事件を有利に導くことに、年末も年初もない努力を傾注した、というわけです。

蔣介石にはまた、たとえ死刑となってもやむを得ないと覚悟しての、彼なりの戦略が種々あってなかなか首をタテにふろうとはしなかった、と思います。モスクワを敵視している西側諸国、とくに中国と利害関係の大きい米英がいます。それらの国々の反ソ・ムードを考慮にいれずあっさりモスクワに接近していくことは、日本との関係悪化よりも、かえって国家統一のためにならない。といって、日本軍の集中的な進攻がもしあれば、これに単独で抗戦することの不可能は明白です。民族統一路線を成功させるためには、国をあげての〝愛国戦争〟が必要なのです。さらには万が一にも日本軍の中国本土への侵略がはじまれば、米英などの西欧列強を抱きこんで、戦争の「国際化」をはかるのが最良の政略と考えているのです。それゆえに蔣介石が意志を固めるにも時間がかかりました。このときも世界史の流れというものは一直線にさあーとはいかないようなのです。

国共合作の協定がいつ結ばれたのか、確かな日時を特定するのはむずかしいのです。話し合いは延々と、まとまりかけたりこじれたりしつつ、しかし断絶することなくつづきます。楊逸舟『蔣介石評伝』下巻によれば、昭和十二年六月には国民党軍が軍事使節団を共産党軍の本拠地延安に送りこみ、熱烈に歓迎されて反帝統一戦線の民衆大会がひらかれた、とあります。
「大会場には国民党の青天白日旗と共産党の五星紅旗が交差して掲げられ、マルクス・レーニン・スターリン・孫文・蔣介石・毛沢東・朱徳らの肖像が壁の上に飾られてあった」

そして、A・スメドレー『偉大なる道——朱徳の生涯とその時代』に朱徳のそのときの挨拶が引用されています。

「本席は、幾百万のわが国最良の子弟が死んだ、血で血を洗う兄弟殺しの十年が、いま終ったことを示す歴史的な時点にあると思います。この民族統一戦線が、数年前に成立していたとするならば、中国の人力や天然資源は濫費されなかったでありましょうし、領土を失うこともなかったでありましょう。そして今日、われわれは日本と対等に戦えるほど強くなっていたでありましょう」

とすると、六月には協定が結ばれていた、と決めてかかりたくなりますが、E・スノー『目覚めへの旅』には、またこんな風な断定的ないい方が残されているのです。

「蔣と共産党の交渉は、一九三七年六月には行き詰ってしまった」

そうなのか、と思えば、ジョンソンの『現代史』上巻にはびっくりするようなことがかかれています。

「七月五日には中国共産党と国民党とのあいだに国共合作協定が結ばれる。その二日後の七月七日夜、北京郊外の盧溝橋（マルコポーロ橋）にいた日本軍と中国国民党軍のあいだに最初の『事件』が発生した。最初に発砲したのは中国側だったが、この事件は拡大して、やがて全面戦争に発展していく」

という風に、国共合作協定がいつ結ばれたのか、まったく困惑するばかりなんです。ジョンソンの七月五日説の出典が何なのか、残念ながらいまのところ探しだせません。それがもし〝真実〟なら、その二日後に事件、いや日中戦争が勃発しているのです。またまた歴史とはいかに皮肉なものかという言葉をもちだすほかはありません。しかも、この盧溝橋の〝運命の一発〟が、ご存じのように大日本帝国を亡国に導いた太平洋戦争の発端になったのですから。

◆ヒトラーに扮した近衛首相

盧溝橋事件そのものは、それまでに何度もくり返されている日中両軍間の小衝突であったにすぎません。目と鼻の先に相接して対峙している日中両軍ですから、一触即発の危険な状態につねにありました。最前線がそうしたムードにあることを承知していたのですから、陸軍中央部や政府筋やマスコミがどうしてこの小衝突を大仰にとり扱わねばならなかったのか、という怨み節をまたくり返さなければならないのです。しかも、いったんは休戦しているのです。

ときの首相は、かくまでもないことかと思いますが、戦争勃発のほぼ一カ月前の六月四日に組閣した近衛文麿でした。いまと違って民草の総選挙の結果として選ばれる時代ではなかったのですが、近衛は家柄もよく若くもあり風采も立派ということで、早くから民草の期待を一身に集めていた政治家でありました。その近衛が首相となるちょっと前の四月十五日、次女の結婚式の前日に写された一葉の写真があります。永田町の自邸にごく親しい人たちを招んで、娘とのお別れの意味をこめてひらいた仮装パーティのそれですが、このとき近衛はヒトラーに扮しているのです。

自邸での仮装パーティでヒトラーに扮した近衛文麿（中段左）

　折から近衛首相待望の声がマスコミを賑わせているとき。自分もヒトラーのごとくに、とまさか思っていたのではないでしょうね。いや、そのまさかは「まさに」といい直すべきかもしれません。そのころ、ヒトラーの率いるドイツは自給自足経済を確立し、ヨーロッパ最大の空軍と機械化陸軍を擁する大国。そしてイギリスのチャーチル下院議員の叫んだように国土拡大と「戦争精神の鼓吹」を大声でつづけている国になっています。日本軍部のなかには憧憬の眼差しでみている将校たちも多くなりはじめていたのです。

この年の「文藝春秋」七月号には政治評論家・阿部真之助の皮肉な近衛論の文章が載っています。

「十年前、左翼華かなりし頃は彼の姿は自由主義より、もっと左に寄った位に映ったのであるが、今では時代と共に、漸次右へ移動して、自ら国家社会主義者と、公然名乗るを辞さないまでになった。彼が仮装会で、ナチス独逸のヒットラーに扮したのも、仮装の裏に、彼の本心が潜んでいたのだった」

最近流行のポピュリズムという政治手法が否応なく浮かんできます。指導者個人の人気を背景に、威勢のいい政策を掲げて民草の感情に訴える、だれかを敵とみなして対話より対決を選ぶ、はたして政策が実現できるか否かは二の次。そんな政治手法のことなのですが、戦争がはじまったとき、そんな首相を頭にいただいていた、それは日本の民草にとってはただもう不幸であった、というしかありません。

ただし、その当時の日本の民草は？　この年の夏までの空気はどことなく陽気でのんびりとしたものであったのです。戦争がすぐ隣に立っているとは思ってもいません。満洲事変からの軍需景気がうまく作用して、十二年までの経済成長率は平均七パーセントで世界最高、ウォール街の暴落による世界的不況からいち早く脱していました。『B面昭和史』でこうかいて、さらに一言余計な喜びの声をあげた覚えがあります。

「成長は設備投資を誘発し、設備投資はまた景気を過熱させる。それでこの年の成長率は、なんと、二三・七パーセントというではないか。戦後の高度成長期でさえ一四パーセントであったことを思うと、ウヒャーと驚声をあげたくなってくる」

しかしながら、リアリズムに徹して国防の事実をしっかりとみつめれば、極東ソ連軍と関東軍との軍事バランスはもうこのとき大きく崩れ、昭和十年末に地上兵力で十対三、航空機で十対二・三にまで日本軍は劣勢に落ちこんでいたのです。生産力に劣る〝持たざる国〟の悲劇です。そこで当時の参謀本部作戦課長石原莞爾大佐は、「国防国策大綱」にこうかいているのです。現下の国策の重点は「ソ連の極東攻勢を断念せしむる」こと。このためにはまず国力充実を図るべく、少なくとも昭和十六年（一九四一）までは何があろうと堪え忍んで平和を保持していなければならない。「開戦の已むなきに於ても英米、少くも米国より軍需品〈輸入〉の可能ならしめる」ことが大事であると。

しかし、その二年後に、日中戦争が起きてしまったのです。昇進して作戦部長となっていた石原莞爾少将は心から仰天しました。海軍次官山本五十六中将は「また陸軍がやったか！」と一時は謀略を疑ったといいますが、そんな国力のないことは陸軍中央部もわかっているはずと思い直しました。盧溝橋の一発は日本軍が撃ったものではないことはいまはたしかです。

ですから、事件勃発の第一報をうけたときの陸軍中央部の反応は、それまで何度かあった紛争のときと同じように、「現地解決、局面を拡大しないこと」でまとまり、参謀総長から現地軍に指示されたのは「進んで兵力を行使することを避けよ」でありました。当然のことであったといえます。しかも『昭和史』でかいたように「七月九日午前二時、日中両軍の間で停戦協定が成立し」ていたのです。ところが、ここでいわゆる中国一撃論の〝硬派〟ががぜん活潑に動きだしたのです。

当時関東軍参謀副長・少将であった今村均大将がその『回想録』にかいています。七月十一日に急遽東京に飛んできたときの陸軍中央部の模様です。

「参謀本部に出頭して驚いてしまった。石原部長（莞爾作戦部長）の不拡大主義に同意している部下は河辺虎四郎大佐（戦争指導課長）以下、一、二名のみで、他はほとんど全員、部長の意図を奉じようとはしていない。……」

しかも、このとき今村少将に随行して満洲から参謀本部にやってきたのが、富永恭次大佐、田中隆吉中佐といった連中なのです。東条英機関東軍参謀長の指示によるもので、「こんな向こう見ずな連中をつれてきて、中央の若い参謀らをけしかけさせているのですか」と河辺大佐に文句をいわれたことを、今村大将は苦笑まじりに回想しています。当時の陸軍にはまったく始末におえない〝硬派〟がそろっていたことになります。

『昭和史』にかかなかったことがあるゆえにちょっと長くかいてみましたが、なんとも情けないの一語につきます。そして戦闘は拡大していき、さらにこのあと情けないことがつづくのです。

＊1――列強諸国ばかりではなく、日本国内でも防共協定を危険視する声がないことはなかった。直後の朝日新聞の論説もその一つといえよう。「ドイツと軍事条約を締結しても、現下の情勢からみて、なんらの利益を得ることはないだろう。逆にわが国が極東において巨大なる潜在勢力を保有するイギリスを敵にまわすことになれば、仏米ソの諸国が同じ道を歩むことになることは容易に想像できることである」。そのほかにも、批判的な目でこの協定をみていた人はかなり多くいたのである。ちなみに海軍は協定を歓迎するような言葉をただの一語も発していない。

＊2――スターリンを批判する言葉に「精神錯乱」、あるいは「パラノイア」というのがあった。当時、後者の学術用語を調べた覚えがある。すなわち「心的機能を正常のまま残しつつ、ゆるやかに進行する系統的、整合的な慢性的譫妄（見栄・嫉妬・被害妄想その他）の昂進を特徴とする精神障害」と定義されている。はたしてそれでスターリンとは何者かのすべてが解決といえるのであろうか。

第四話

二つの「隔離（かくり）」すべき国

昭和十二年〜十三年

この章の

ポイント

一九三七(昭和十二)年、盧溝橋事件をきっかけに日中戦争がはじまります。日本軍が戦火を南に拡大させ、戦況が泥沼化していく過程で、ヒトラーが日本に味方するかたちで和平仲介に乗り出します。日本はこの仲介を無駄にし、さらに南進して、同年十二月、南京大虐殺を行います。翌年ヨーロッパでは、ヒトラーがオーストリア、チェコに進軍する「電撃作戦」を実行します。またヒトラーはヒトラー・ユーゲント使節団を来日させるなど、ナチス・ドイツの宣伝にも積極的でした。

キーワード

第二次上海事変/軍事顧問団/リッベントロップ/トラウトマン/パネー号撃沈事件/隔離演説/斎藤博/山本五十六/ミュンヘン会談/漢口攻略作戦/張鼓峰事件

◆〝事変〟はなぜ拡大したのか

盧溝橋の一発からはじまった戦闘は、不拡大の声をすべて押し潰して、あえて〝なぜ〟と問いたくなるほど急激に拡大していきました。時の勢いというものでしょうか。というのも、中国とまともに戦争を行う戦略戦術が陸軍にはもともとなかったからです。昭和十一年（一九三六）に改定を加えられた「帝国国防方針」および「用兵綱領」は、一貫してアメリカとソ連の両国を仮想敵国に想定し、陸海軍がそれらといかに戦うかについて綿密な作戦計画が練られたもので、中国にたいしては居留民の保護などを目的とした治安出動の計画の検討にとどまっていたのです。

それに参謀本部の判断では、中国大陸で事があったとき、使用可能兵力は十一個師団、予備を加えても十五個師団（約二十八万人）がせいぜいで、長期戦となったらあの広大な大陸では用兵的にも重大危機に立ち到るというものでした。それに陸軍省整備局は、大砲などの弾薬は昭和初期からの不況もあり生産力が上昇せず、満洲事変、第一次上海事変でのはげしい消費もあって、昭和十二年度における貯蔵保有量は十五個師団の約八カ月分にしかすぎない、と悲痛な見積りをしていました。何か事変が勃発しこれら全力を中国戦線に投入しているその間に万が一にも第三国（とくにソ連）とも干戈を交えるようなこととなれば、ニッチもサッチもいかなくなる。残念ながら総力戦体制は立ち遅れの感なきにしもあらず。であるゆえに、戦闘は早目に切りあげて当面は戦備充実につとむる秋、というのが良識、いや常識である。そういう主張が陸軍中央部にたしかにあったのです。

『昭和天皇実録』にも、十二年七月十一日の項に注目すべき記載があります。

「午前九時三十五分、内大臣湯浅倉平に謁を賜う。内大臣より、昨夜の日支両軍再衝突を受け参謀総長より拝謁の願い出があった件に関し、北支への派兵は日本と支那との交戦、ついで日本対支那・ソ聯邦との戦争につながる恐れがあり、参謀総長の奏請〈派兵〉に対する勅答は重大なる結果を生ずべきにつき、参謀総長への賜謁に先立ち総理を召されては如何との言上を受けられる」

これでみても、天皇を中心に宮中方面には、ソ連が中国と結んで日本に攻撃をかけてくるのではないか、事変拡大は危険ではないか、という憂慮がきわめて強かったことがわかります。

『実録』にはこのあと天皇は閑院宮（載仁）参謀総長をよんで、

「万一ソ聯邦が武力を行使した場合の措置につき御下問になる」

と警告を与えたことが記されていますがそれだけで、参謀総長がどう答えたのかは何もかかれていません。隔靴掻痒とはまさにこのことかというわけです。

にもかかわらず北京近郊の戦闘は停戦協定を蹴飛ばして拡大の一途をたどります。統制派の強硬参謀たちの「中国一撃論」が象徴するように、満洲事変での大勝利から中国軍など鎧袖一触であるという驕慢もあったのでしょう。あるいは、いまここで引っこめば、国家統一・国権復活で燃えている国民政府軍がいい気になって北上してきて、満洲国の存在が危うくなる、という危機論が主流を占めていたため、という見方もできると思います。

　こうして七月二十七日に、十一日から延期されていた内地から三個師団の派兵案が閣議決定され、*1参謀総長から支那駐屯軍司令官あてに「平津地方（北京・天津方面）の支那軍を膺懲して同地方主要各地の安定に任ずべし」との命令が発せられます。二十八日、日本軍は各地で総攻撃を開始して、事変は本格的な戦争となりつつありました。一日も早く撤兵すべしと怒鳴りまくっていたという石原（莞爾）作戦部長も、

「もう内地師団を動員するほかはない。遷延は一切の破滅だ」

と、ついに匙を投げた、と強硬派の軍事課長田中新一大佐が嬉しげに回想しています（『別冊知性』）。ついでに、田中大佐が回想する歴史に残しておいていいもう一つの石原の言葉もかいておきます。八月に入って、戦火が上海にまで及ぼうとしているときに、石原が部屋にいた参謀たちが残らずびっくりするような大声でいった、というのです。

「居留民を全部引き揚げさせろ。損害が一億円でも二億円でもかまわん。みんな補償しろ、戦争をするより安くつく」

　しかし、当時上海にいた日本人居留民は数万人余。しかもその大多数が一致して、中国人たちの排日・反日行動にたいし「将来の発展のために抜本的な断固たる処置をとられんことを」と陸軍省に強気一点張りの上申書をだしていました。いわゆる第二次上海事変の戦闘は、

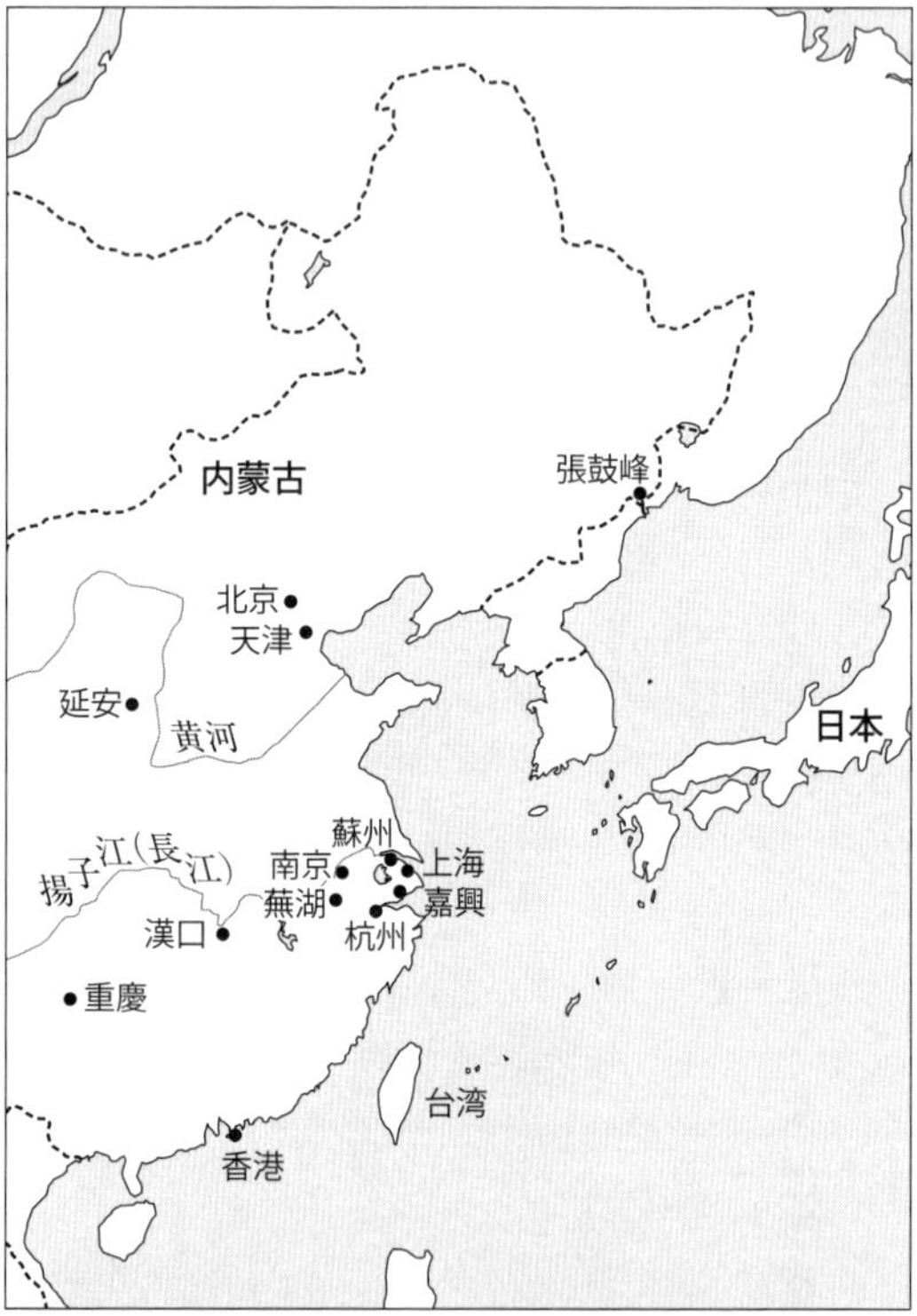

北京郊外の盧溝橋で起きた事変はいつしか拡大し、ドロ沼化していった

起こるべくして起こったものといえるでしょう。『昭和史』でふれていないところを中心にちょっとくどくかいたの感がありますが、要するに日中戦争とは、日本側の謀略で起こしたものでないのはもちろんですが、大日本帝国にとってはしなくてもいい、起こってしまった以上は早期に停戦すべき、戦略的にはそう考えなければならない戦いであった。そのことは事実が示すとおり。歴史の教訓としてしっかり知っておくべきことなのです。

しかし、戦闘のはじまったあとの陸軍中央部の秀才参謀たちの戦略観は、なぜか常識から逸脱してまったくいただけません。手前本位の、独りよがりの判断であったとしか思えないのです。引用する証言は、自己弁明なのか、隅から隅まで虚偽で固めたものか、とかくの評のある田中隆吉大佐のものですので、どこまで信じていいのか、やや不明なところがあります。

が、軍中央部内の事実を知る軍人ゆえにそこにはなるほどと思わせる一種の説得力はあるようです。統制派の中堅将校たちがなぜ事変の不拡大とその速やかな解決に反対したのか、という問いに答えたものです。

「それは、事変の発展と永続は、必然の結果として国防兵力の増強を来し、これに伴う軍用資材需要の増加はまた国内の経済機構に計画性をもたらすものであるから、手に唾せずして、その理想なる国防国家建設と国内経済機構の変革を行い得ると確信したからに外ならない。一言で言えば、彼等統制派は支那事変を彼等の政治理念達成の具に供したのである」（『日本軍閥暗闘史』）

かりにこれが事実としても、自分たちのまことに身勝手なイデオロギーのために、ふつうなら国民に塗炭の苦しみを味わわせ、国を亡ぼす道を選択することなどだれも考えなかったはず、と思うのです。しかし、拡大の一途をたどった。ということは、結局はその根っこに中国人にたいする無理解そして侮蔑があったから、ということなのか。

中国、ニューギニア、レイテと転戦し、終戦時に中佐参謀であった加登川幸太郎氏が、わたくしの長時間の取材のあとで、しみじみとした口調で歎かれた言葉が思いだされます。

「日本は『一撃』だの『膺懲』だのと、タカをくって、威圧をもって中国を屈伏させられると思っていましたから、戦争が全面的になった場合の用意なんか何もなかったのですよ。武力戦終熄のきちんとした見通しも、その好機がいつかを求める慎重さもない。闇雲に突撃あるのみ。戦争終結を何とかして求める、という智恵も計画もないままに小衝突をチャンスとばかりに拡大し、本格的な戦争を指導せねばならないということになってしまったのです」

あに日中戦争のみならんや。対米英戦争もまた然り、とかいてしまうと、このあとをつづける元気がなくなってしまいますが。

◆スターリンの謀略か？

こうして八月三日、戦火は国際都市上海にまで拡大しました。石原作戦部長は北京付近での戦闘が拡大した直後に、憂いの色を濃くして早くもこう予見していたといいます。

「海軍はきっと上海で事を起こすだろう。その場合、陸軍は派兵しない方針である。やむを得ない状況が起きても、居留民保護のため、せいぜい一、二個師団の派遣にとどめる」

上海で戦闘の予言が当たりました。しかし念のためにかきますが、日本海軍が火をつけたわけではありません。事の起こりは、蔣介石の国民党軍の正規兵が日本海軍の上海陸戦隊の大山勇夫中尉と斎藤与蔵一等水兵を射殺したことに端を発したと言われています。必然の流れのように、海軍陸戦隊と中国軍とが市街戦をはじめ、日本政府は急かれるように上海居留民保護の方針を決定します。

十三日、繁華街バンド（外灘）沖にあった旧式巡洋艦出雲を旗艦とする第三艦隊の各艦が中国人地区に砲撃を開始、これに対抗して中国の年代物の攻撃機が日本艦隊に空襲をかけますが、出雲の高角砲が威力を発揮して簡単に追い払ってしまいます。しかも、中国機の一機がパレスホテルや避難民でごったがえす目抜き通りの南京路に爆弾をばら撒いてしまう。このために死傷した中国人はおよそ千三百人という体たらくなのです。十五日、陸軍中央部は石原部長の猛反対も押し切って上海派遣軍の編成を下令、こうなってはもはや戦火拡大はとめるべくもありません。

それにしても、中国北部で戦闘がつづいているとき、列強の権益の集中している上海という静謐こそが大事な要地で、なぜ突如として戦闘が拡大してしまったのか、これにはいろいろな説があります。日本側ではたしかに海軍はやや強気でしたが、陸軍にはその気はなかったのです。むしろ蔣介石が日本軍に兵力分散を強い、北京・天津周辺だけの短期決戦で日本軍が勝利するのを阻止しようとした、という

戦火は国際都市上海へと及んだ（第２次上海事変、1937年８月20日ごろ）

のがいちばん一般的な説なのです。が、イギリスのノンフィクション作家A・ビーヴァー氏の大著『第二次世界大戦』では、じつに興味深い見解が述べられている。ちょっと長く引用します。

「じつは国民党のイニシアティブではなく、のっぴきならない状況に追い込まれ、退くに退けずに戦ったのだという説もある。日本軍が中国北方で次々と戦果をあげていることを憂慮したスターリンが、ソ連極東の国境線から遠く離れた中国南方に戦場を移そうと画策したのだという見立てである。ソ連にそれが可能だったのは、国民党軍の上海地区警備司令官、張治中将軍がじつはソ連の『隠れスパイ』だったという説明まで付いている」

これを読んだときには、またしても謀略説の横行かよ、と正直なところ思わないでもなかった。しかも、張の命令で、日本側が最初に発砲したように見せかけるため、大山中尉らを射殺したとき、中国人捕虜一名を日本側が先に手を下したようにあらかじめその場で殺しているという。日本側の史料にはそんな事実は特筆されていないのですが。

しかし、謀略論に乗っかるわけではないが、ソ連についてのそのころの史料をいくつか読むと、あるいはあり得たかもしれないと思わせられるところがある。十一年（一九三六）三月のラインラント進撃にはじまるヒトラーのドイツの強力な独力独行の領土拡大の情勢をみせつけられ、スターリンはたしかにソ連に迫る危険について驚くべきほど懸念を強めていたのです。やたらに国内の「ファシストのスパイと、ドイツに内通するおのれの敵」とを周囲に感じとり、すべての反対派を除去しようと徹底的に調べあげていたという事実があるのです。

この国は資本主義列強に包囲されているだけではない、われらの内部に革命的指導者の暗殺や政府転覆をたくらむ輩が深く入りこんでいる、とスターリンは疑いの目を広げていました。とくに赤軍、つまり軍部に、容赦ない猜疑の視線を集中させたのです。血の粛清がまたしても大々的にはじまっていました。

十二年六月一日には、陸軍の政治委員部長ガマルニク元帥が自殺。これが手はじめです。六月十一日には、国防人民委員代理であった名望のあるトハチェフスキー元帥が、七人の高級指導官たちとともに軍法会議にかけられ（もちろん非公開）、ナチスと共謀してクーデタを準備したという理由で、全員が射殺されます。もう少し正確にかくと「彼らは赤軍の勢力を撃破する意図のもとに、またソビエト連邦を分断し、ソビエト連邦内に地主と資本家との政権を回復する目的をもって破壊活動を遂行した」（新聞発表）というものでした。さらに秘密警察長官ヤゴーダが反逆者としてその直後に処刑され、ソ連の民草を驚かせます。

こうして昭和十二年の夏ごろには、ソ連全土（北アメリカ全域に匹敵する広さ）のすべての都市、郡、村落にいたるまで、粛清の猛威がまた拡がっていきました。犠牲者のほとんどが「スパイ」「トロツキー派」「秘密ファッショ」、そして「二つの顔をもった人民の敵」のいずれかの名のもとに虐殺されていったのです。結果的には、スターリンは最高司令部を筆頭に赤軍の戦力そのものをみずからの手で事実上解体してしまったのです。

例によって正確な数はわかりませんが、十二年から十三年にかけて三万人以上の将校が粛清に遭い（とくに階級の上の者ほど数多く）、少なくとも二万人が処刑されたといわれています。残りは収容所送り。そして無能な、スターリンのお気に入りのヴォロシーロフ大将が全指揮をとることとなり、もはや戦争など不可能なほど赤軍は弱体化してしまっていました。

アメリカのジャーナリストで作家のL・フィッシャー『平和から戦争への道』が引用している作家エレンブルグの最後の回想なるものを、また孫引きさせてもらいます。

「私が友人や知己の運命について考えるとき、そこには何らの論理というものはないように思われる。例えば何故スターリンが、独自の道を往ったパステルナークを放任しておいて、彼に課せられた任務をいちいち忠実に遂行したコルツォフを亡きものにしたのだろうか？　何故ヴァヴィロフはかたづけて、カピツァには手をつけないのであろうか？」

たしかに処刑者のリストに名が挙がっていて助かったものもいれば、何の地位にもついていないのに銃殺されたものもあった。要するに、スターリンのその日の気分によって、以前にオウムを殴殺したように、ということなのでしょうか。その暴君がもの静かな熟考型叡智の持ち主であるかのように一般には受けとられていた、というのですから、ほんとうに人の世というのはわからないものです。

つまり狡猾と猜疑心のかたまりというべきスターリンには、それだけに、盧溝橋での予期せぬ衝突を機にして、大日本帝国が侵攻の鉾先を中国に向けた、ということは大いに気を安んじることであったのです。

そうした事実を目にすると、ビーヴァーの大著にかかれていることも、もしかしたらあり得たこと、確かなことかなと思えてきます。スターリンにとって緊要なのは、砲火を満洲との国境線から限りなく遠ざける、上海は絶好の地、それによって自分で思うような赤軍の再建がやれる、その時間的余裕を得ることであったのです。

◆ドイツの軍事顧問団

ソ連にかぎるのではなく、戦火が上海に及んだとき、権益をここに集中している米英はどうであったか、これも気になることです。対日態度を硬化させたかどうか。ところが、かならずしもそうではなかったのです。ここが国際関係のややこしいところといえます。

まずイギリス。それまで対日関係は表面的に良好であったので、上海事変が起こったときにもイギリスは日中両国にたいして「上海中立案」（八月十八日）を提案して、戦闘の収拾をすすめてきたほどでした。しかし、これを日本政府が拒絶したことから、イギリス国内では対日強硬派の発言がぐんぐん強まっていきました。が、日本よりも対ヒトラーの諸条約無視の動きのほうが喫緊の重要課題であり、太平洋方面に海軍力を差し向けるほどの余力がない。ということで、対日強硬派のトップに立つイーデン外相の、なんらかの形で対日制裁を発動しようという動きは抑制されがちで、全体的には静観の立場をとっていました。

そしてアメリカです。たしかに、こちらも八月十日に日本政府にたいして和平斡旋の申し入れをするという行動にでてはいますが、日本政府が丁重に断るとこれもそれまで。さらにイギリスが共同しての日本制裁案をもちかけてきますが、これにも乗ろうとはしません。要は、あえて「火中の栗を拾う」危険をおかすことはない、自分から責任を負うようなことは回避する、というそれまでの態度を一貫して保っていたのです。[*2]

それではドイツはどうであったのか、という問いが当然のことにつぎにでてくるでしょう。それに答えるためには、どうもいったり来たりするようですが、八月十五日の日本政府の声明にまで戻らざるを得ないのです。すなわち、この日、

「帝国としては最早隠忍その限度に達し、支那軍の暴戻を膺懲し、以て南京政府の反省を促す為め、今や断乎たる措置をとるの已むなきに至れり」

と近衛は声明を発表しました。と同時に、長崎県大村を飛び立った海軍機は南京に渡洋爆撃を敢行します。もうこの時点で、あとさきを考慮せず全面戦争へと政府も軍部もやる気満々となっていたのです。

しかし、じつのところは、参謀本部が作戦の重心を上海方面に移し本気になる以前に、中国軍のほうが全面戦争の決意を固めていたのです。蔣介石がさらに「全将兵に告ぐ」演説で、全軍の士気を鼓舞したのが八月八日、上海に戦火があがった直後のことでありました。

「九・一八いらい、われわれが忍耐、退譲すれば彼らはますます横暴となり、寸を得れば尺を望み、止まるところを知らない。われわれは忍ぶれども忍び得ず、退けども退くを得ない。いまやわれわれは全国一致して立ち上がり、侵略日本と生死をかけて戦わねばならない」

同時に多くの精鋭師団を投入することを決断する。日本軍の強力な航空兵力で制空権をとられながらも、地上戦で頑張りぬく覚悟なのです。それも国際連盟の会議が間近に迫っていることも頭において、この戦いで世界の耳目を被害者としてのおのれのほうに集めたいとの思惑もあったようです。しかしその反面にかなりの自信が蔣介石にはありました。その自信の根柢にあったのが、じつはドイツ国防軍の戦闘力への信頼であったというのですから、びっくりするほかはありません。

ちょっと説明を要すると思いますが、ことのそもそもの始まりは、昭和六年（一九三一）の、第一次上海事変直前にありました。満洲の曠野で日中両軍の戦闘がはじまったとき、日本海軍の陸戦隊のかなりの兵がものものしい雰囲気を漂わせつつ、上海の日本人租界に進駐してきました。それをみた蔣介石がいずれこの方面でも大規模な軍事行動があるなと予見し、かつ覚悟をして、対抗すべく兵力の整備に着手します。このとき、ドイツ・ワイマール共和国に軍事顧問団の派遣を求めた、というのです。

これに応じてドイツ共和国の陸軍（といっても、十万しかいなかった軍隊でしたが）は、当時の陸軍統帥部長官ゼークト大将を長とする顧問団を国民政府に派遣することにしました。ドイツはこの軍事援助の見返りとしてタングステンなどの希少金属の提供を中国に要求したといいます。タングステンは硬度の高い金属で、ドイツにとっては砲弾などの生産には欠かせない貴重なものでした。

このゼークトたち軍事顧問団が中国に到着したのが昭和八年五月、とのことですから、ヒトラーが政権の座につく直前にはドイツを出国していたことになるでしょうか。元将校二十四、五名、民間技術者約十名。いずれも契約は個人名義であったといいますから、公式のドイツ顧問団ではなく、ましてやヒトラー政権とは関係などまったくない、軍事的な派遣であったことになります。

ゼークト・ラインという言葉も残っているところからも、彼らが国民政府軍のまさしく参謀本部の中核になった。そして国民政府軍の近代化、指揮官たちの練成などに寄与することまことに大で、事実として、見事に昭和九年十月に共産党軍を撃破し、彼らを陝西省延安の辺境へ向かう所要日数三百七十一日、踏破した距離は一万二千キロの、人間の極限を超えたといわれる逃避行（長征）に赴かせた。出発のとき、毛沢東、朱徳、周恩来らの第一方面軍は約十万人いたといいますが、戦いつつ大行進が終ったときには一万人にも足りなかったといいます。この勝利はまさしくドイツ軍事顧問団の力による、といえるのです。

◆ドイツとの戦争にあらずや

ゼークト大将は一年余にしてファルケンハウゼン大将と交代しましたが、この二人の顧問団長は口を揃えて蔣介石を諭したといいます。練度の高い日本陸軍と戦うための唯一の作戦は、少々の損害を顧みずに延々と相手に疲弊を強いる消耗戦に導くしかないと。ほかにとるべき手段もない蔣介石もこれを守り、その指導のもとにドイツ製武器とドイツ式の縦深防御陣地を上海付近に構築して、その日の来るのを待ったといいます。

そしてその待ちに待った日が第二次上海事変の勃発であった、というわけです。

戦闘の詳細についてのびのびとかいている場ではないのです。が、『昭和史』では簡略にしすぎているので、それを補う意味で少しくわしくすると、海軍陸戦隊だけではとてもダメとなって、陸軍の上海派遣軍の二個師団が上陸し攻撃を開始したのが八月二十三日。ところが、戦闘は、際限なく混迷するような水路をもつクリークと、掩蓋におおわれた重火器と野砲・山砲・迫撃砲とを密集させたトーチカ陣地。この堅固な防衛線をしく中国軍の頑強な抵抗にあって、日本軍は損害を重ねるばかり。この不利な戦いの連続に、たちまちに二個師団では兵力不足の声があがります。

日本政府はやむなく九月十日、さらに三個師団を投入する大動員令を下します。なぜか海軍も、このとき伏見宮（博恭王）軍令部総長を動かして、天皇に直訴までして、陸軍派兵に賛成しているのです。やる気満々となっていたのです。こうしてもはや初期の不拡大方針などは塵芥のように捨てられる。ついには、これを機に拡大大反対の石原作戦部長は解任されることとなります（九月二十七日）。

そして新手の大兵力をもっての猛攻撃が九月三十日からはじまりましたが、これは字義どおり死闘となりました。縦深陣地に拠る中国軍は、十字砲火と手榴弾の乱投による猛烈な抵抗を持続する。しかも中国家屋そのものが防塁であり、城塞なのです。くわえて連日の雨で日本軍陣地の前面は一面の泥沼と化して突撃もままならず、中国軍の士気は盛んになるいっぽうなのです。

「屍と化するも陣地を放棄せざるのみならず、一拠点奪取せらるるや必ず数回にわたり逆襲を実施し、なかんずく、頓悟〔場所名〕付近に対する逆襲は、夜十回に及べり」

第九師団司令部の作戦経過報告の一部です。こうした熾烈な激戦が四十日もつづきましたが、凱歌はなお遠くにありました。ここにいたって参謀本部は、さらに新編成の第十軍（四個師団）による杭州湾奇襲上陸作戦を策定しまして、十一月五日に敢行しました。空からの援護攻撃もあって、なお強靭な戦力を保持する中国軍の側背をつく。この作戦が幸いなことに大成功しました。中国軍の受けた打撃は決定的となり、蔣介石はついに七日、上海方面からの総退却を決断せざるを得なくなったのです。上海の激戦はこうして終結しました。

上海事変とはまさに予期せぬ戦闘で、被害も甚大でした。投入兵力は二十万人に近く、戦うこと三カ月で死傷四万人余。野砲・山砲そして機関銃の銃弾不足、手榴弾も不足、三八式歩兵銃の小銃弾だけが余っていた、それが上海戦の実相であったのです。日本軍の軍備は近代戦においてかくも底の浅いものであることに、参謀本部は愕然とします。

その参謀本部が、蔣介石の本営に三十名に近いドイツの軍事顧問団が存在していること、とくにドイツ人の教官が戦闘に参加し、作戦を練っていたという事実を知ったのは九月下旬ごろのことであったといいます。とくにドイツ国防軍のラインメタル社製の十五センチ重砲と十・五センチ榴弾砲の威力にはひたすら瞠目しました。そしてドイツが中国の国民政府に武器を輸出することは条約で決められていることを確認したことはしたのですが、なおさらわれら日本とドイツはほんの一年足らず前に防共協定を調印したばかりの、いわば盟邦にあらずや、の思いが沸々とわきあがってくる。中堅の参謀たちの間には、これはドイツとの戦争ではないかと苦々しげにいうものもふえてきたのです。

◆大本営が設置されたとき

そこから歴史の流れが急転回してくるのです。

日本の外交筋をとおしての「軍事顧問団を引き揚げさせてくれ」というもの凄く強硬な要請に、ヒトラー政府ははじめは大いに困惑したようなのです。ドイツ顧問団が蔣介石のために働いていることは、日本の対独感情をいちじるしく悪化させる、さらに、日本陸軍の中堅将校たちの反感はもう抑えられないくらい強まっている、このままであると日独の軍事上の提携が危機に陥る恐れがある、そう日本が猛抗議を送りつける。これにドイツ外務省が返答します。

「顧問団のいきなりの引き揚げは南京政府に敵対行為を示すことになる。また、そんなことをしたら、空席をソ連の将校が占めることになり、日本人にとってはいっそう面白くないことになろう」

まさに外交的に日本とドイツは丁々発止。ヒトラーその人は「日本との協調をそのまま堅持し、日支事変にたいしてはあくまで中立」というだけ。調べてみると、ナチス・ドイツにとって対中国への輸出はつまらぬ商売ではなかったのです。十二年八月の武器供給の契約高は二億二千三百万マルク。そしてまた、ドイツ外務省の見解は「日本の行動は中国の共産化を推進し、中国をソ連の腕の中に追いやることになっている」というものです。もともとアジアにそれほどの強い関心のないヒトラーが、ためらう裏側もいくらかはわかるというものです。

そのヒトラーの顔をアジアに、とくに日本にぐっと向けさせたのが、魅力的な社交術でうまく独裁者にとりいっているリッベントロップでした。奇妙なくらい親日的で、大使館付の大島浩武官とまさに懇々たる知己となっている彼が、この戦争に勝つのは日本であり、そしてまた日独共同で中国の経済開発の将来性についての明るい展望を示すなど甘い言葉で、ヒトラーをすっかりその気にさせはじめたのです。

「日本軍が実力以上の戦闘に巻きこまれているという噂が広がっているが、とんでもない。じつは日本が中国戦線で近く決定的な勝利を得ると、私は確信している。その上で、結局は南京政府は防共協定を日本と結ぶことによって、日本と和解することになるであろう」

このリッベントロップの予測によって、ヒトラーがころりと気を変えたのが十月中旬ごろであったといいます。リッベントロップが国防軍総司令官カイテル元帥に「総統は国防軍が顧問団を派遣し、中国軍と戦っている日本側の意図を妨げ、あるいは難しくさせている。これは遺憾である。あらゆる行為を停止せよと決定した」とはっきり通告、またこのヒトラーの決定をゲーリングもカイテルに保証していいます。

「もしドイツがこれまでどおりのやり方で中国を援助しつづけてゆくならば、日本は防共協定から離脱するだろう。総統はそのような事態の招来を断じて認めない」

歴史の偶然というか、折も折、上海戦線の膠着状態、それにともなう消耗戦争への不安を感じた日本政府は、「支那事変処理要綱」を十月一日に決定、日中講和に関する思想の統一をそこに織りこみます。そしてそれにもとづいて十月二十七日に、各国の代表を個別に招いて外相広田弘毅が和平のための日本側の希望条件の概要を説明し、公平な和平仲介を各国に依頼したのです。これにもっとも強く反応を示したのが、駐日ドイツ大使ディルクセンでした。あるいは本国外務省から、ヒトラーが日本にたいする友好的関心を突然強くもつようになったとの報告がとどいていたのか。そこははっきりしませんが、ドイツ大使は日本の条件を中国の面子をつぶさない適切なものと広田に伝え、大いに日本政府を喜ばせました。

それというのも、日本にとって米英は、伝統的に日本にたいするよりは中国に友好的で、仲介を頼むことはあとで高い代償を支払わねばならなくなる危険がある、と考えられていたからです。その点は防共協定締結いらい、その関係が緊密化しているドイツなら、善良な仲介人になってくれる見通しがありました。それに上海戦線での苦戦での「貸し」があるではないか、の思いもある。

日本が提示した和平交渉の基本条件とは、（1）内蒙古の準独立、（2）北平〈北京〉―天津のラインまで、および上海に非武装地帯を設け、中国警察隊および国際警察隊が管理する、（3）排日・反日政策の廃止、（4）日本の既得権益の尊重、（5）日支防共協定の締結、などでした。

ディルクセンから報告をうけたベルリンの外務省は、ただちに駐中国ドイツ大使トラウトマンに訓令し、十一月六日には蔣介石に日本側の条件が伝えられます。しかし蔣介石は即答をしぶりました。なぜなら、中国側の提訴をうけた国際連盟が、九カ国条約の加盟国による会議で日中間の衝突を解決しようと、十一月三日からベルギーのブリュッセルでようやく討議をはじめていました。その結論（対日制裁への期待）を待ってからでも遅くないと考えたからでした。

残念ながら、日本の思うようにはトントンとは事が運ばない、それが世界史というものと何度もかきました。このときもそうであったわけです。ところが、そのうちに杭州湾奇襲上陸作戦の成功から上海戦線は好転します。十一月二十日には、和平仲介をドイツに依頼しておきながら、対中戦争遂行のために大本営が宮中に設置されているのです。

脱線しますが、設置反対の声が陸軍部内にあったことをちょっぴりかいておきます。しかもその声たるや対中強硬派の最強硬論者の軍務課国内班長佐藤賢了中佐であったというからびっくりです。その理由というのを知ると、もっと驚かざるを得ません。

「上海の戦闘もまもなく終ろうし、さらに南京でも取れば、戦争は終るだろう。また終らねばならない。戦争の終るのを眼の前に控えて大本営を設置しようとはおかしいではないか」(『大東亜戦争回顧録』)

完全に中国をなめている、侮蔑しきっているのです。大勝利が目の前にあるのに、わざわざ大本営など設置するのはムダなことだ、佐藤は自信満々です。反対論がこの調子なら、賛成論者だって本気で蔣介石軍が祖国防衛のために徹底抗戦をつづけるなどと予想もしていなかったことでしょう。むしろ大本営を設置することで日本の民草たちを勇気づけ戦意昂揚をはかり、蔣介石にこっちの決意がいかに凄まじいかを知らせる効果があるであろう、ぐらいの心づもりであったにちがいないのです。

◆「蔣介石はアホだ」

そしてまさに、その直後なのです。ブリュッセルの会議が何も決められぬまま休会に入り

（十一月末）、それならばということで上海ついで南京、さらに臨時の首都を移した漢口で、蔣介石はトラウトマンと会談します。そして十二月二日に、日本側提起の基本条件を和平討議の基盤とすることを承認し、ドイツの調停を受け入れる姿勢をはっきりと表明したのです。この意思を確認してからトラウトマンは蔣介石にいいます。

「日本側の了解を得られれば、ヒトラー総統がみずから日中両国政府にたいし、戦闘行動の停止をよびかけるという方式で、和平会談をひらく、それでいいですな」

蔣介石はこれも承認しました。

さて、またまた歴史は皮肉にできているという常套句をもちださなければならないのはほんとうに辛いのですが、この間に日本側の情勢が大きく変わっていたのです。設置されたばかりの大本営には、はじめ南京まで進撃する計画などなく、現地軍に蘇州—嘉興の線を追撃の限界線として、その線を越えて兵を進めることを許さず、ときつい命令をだしていました。しかし、上海戦にともかく勝ちをおさめた現地軍の意気は天を衝く勢い、南京攻略の意見具申がつぎつぎに大本営に送りつけられる。戦勝気分は中堅参謀たちにも横溢、さきに指示した作戦地域制限を解除せざるを得なくなります。これが十一月二十四日。そして参謀総長が、

「中支那方面軍司令官は海軍と協同して、敵国首都南京を攻略すべし」

という大命を、十二月一日に発するに至ってしまう。首都を陥落させれば戦いは終るという古い戦略観がまだ支配していたのです。じつはそのとき蔣介石政府は漢口へ移り、南京は首

都ではなくなっていたのですが。もともとが拳の一撃で相手は音を上げるであろう、としてはじめた戦争でした。ところが、相手の全面的抵抗で、予期しなかった対策をつぎつぎ打たなければならない。いうならば軍中央部に確たる戦争指導方針がないのに、とにかく勢いにまかせてたてられた南京攻略作戦であったのです。

歴史の皮肉というのはそこなのです。なぜなら、蔣介石が和平の意思のあることを表明したのが翌二日、そしてトラウトマンから知らされたディルクセンが、広田外相を訪問したのが十二月七日であったからです。六日の菖蒲、十日の菊というのは、このことをいうのか、と歎くほかはありません。ドイツ大使は、蔣介石が日本側提示の条件を基礎とする和平会談を承知したと伝え、さらにもう一言、

「その後、日本側の条件に変化はないでしょうな」

と広田外相に念を押したのです。これに広田が何と答えたか。外相も相当に上海戦の勝利にいい気味になっていたのか、それとも南京攻略作戦の発動を知っているためか、ニベもない答えを返しました。

「現在に至って、一カ月前の、つまり日本軍の大戦果が挙がる前に示した基礎条件にもとづいて、そのまま中国側と話し合うことができるかどうかは疑わしい」

ディルクセンはがっかりする気持ちを抑えて、ねばりました。

「例の基礎条件は不変であると、はっきり保証していたではないか」

これに広田はあっさりとネタを明かします。

「それはそうだが、じつは先週になって急に情況が変わってきた。現地派遣軍は以前よりも多くのものを要求するようになってきたのです」

ドイツの歴史家T・ゾンマー『ナチスドイツと軍国日本』に依拠してかいているのですが、この報告を駐日大使からうけたドイツ外相ノイラートの感想が、まことに先を見とおしたうがったものでした。

「とにかく、ただ郵便配達夫としての単純な役目しか果たしてこなかったわれわれの立ち場は、屈辱的などうしても受容できないような要求を日本が中国に突きつけてきた今となっては、もはや限界にきている。しかも日本はこうした苛酷な新条件すら、近い将来に、さらに拡大すべきものであるといいだすだろう」

まことにいい得て妙、日本の和平条件は十二月十四日になってがらりと一変してしまったのです。じつは、その前日の十三日、遮二無二の総攻撃によって南京が陥落していました。大本営政府連絡会議で、変更なく元の案のままで蔣介石と交渉をつづけようというのは米内光政海相と古賀峯一軍令部次長だけで、杉山元陸相や広田外相や賀屋興宣蔵相や末次信正内相は強硬論をつぎつぎにぶちあげ、条件をぐんぐんとつりあげる。まずより莫大な賠償金を国民政府から取る。中国北部に特殊政治機構を設置せよ。さらに日本軍占領地域に非武装地帯を設置せよ。上海は日中両国が治安の維持で協力する、などなど。

末次内相は「なまじっかな講和条件では話にならん」「かかる条件では、わが国民は納得しないぞ」と、寛大な条件が一般に発表されれば、日露戦争のときの日比谷焼打事件のような国民的暴動が起こるぞ、といわんばかりに脅す。米内海相が「こんなにつり上げた条件では和平成立の公算はゼロと思う。前のままにすべきだ」と反対すると、広田外相が「マア三、四割は見込みがありはせぬか」と応酬、杉山陸相も「五、六割は見込みがあろう」と無責任に同調する。とにかく閣僚たちはいい気な調子でした。

こうした経緯がくわしく記されている『外交官の一生』の著者である当時の東亜局長石射猪太郎の感想が傑作といえば傑作です。

「こんな条件で蔣が講和〔会議〕に出てきたら、彼はアホだ」

おっしゃるとおりで、十二月二十六日、この強硬条件が改めてトラウトマンから伝えられたときの蔣介石の言葉が残っています。

「日本はまったく信用できない。自分のほうから提起してきた条件を平気で違反する。言動もグラグラする。まるで戦勝国の態度で臨んできている」

ヒトラーの顔をはるかアジアへ向けさせての、せっかくのドイツの仲介工作も、これではもう前途にほんのわずかな光明も見出すことはできない、日本の指導者はほんとうにそう思わなかったのでしょうか。

◆八時四十七分と九時三十一分

昭和十三年の年が明けて一月十一日、御前会議がひらかれ、和平条件はさらに日本に有利なように拡大されました。賠償金はもちろんぐんとあげられ、日本軍は無期限に中国北部・内蒙古に駐屯する。さらにどえらいことが、いや、ここで『昭和天皇実録』を引用します。

「国民政府の対応如何によっては事変解決を同政府に期待せず、新興支那政権の成立を助長するとした根本政策が決定する」

新たな条件をそのまま蔣介石に伝える、そして「十五日までに回答なき場合は、これを拒絶したものと認める」ということを通告する、という国策決定なのです。歴史年表などに「トラウトマン工作」として記されている和平工作は、これで完全に終止符がうたれました。

思えば、意味も戦略目的もなく他国の領土ではじめられた戦争を、なんとか停戦へと導くいわば絶好のチャンスを逸したときといえます。このときドイツ仲介で何とか講和にたどりつければ、昭和史はずっと明るいものとなったであろうと、惜しいことであったと思います。

十三年一月初旬ごろまとめられた「講和問題に関する所信」と題された筆者不明の「近衛文書」に、じつにあからさまに近衛政府の主張が記されています（『現代史資料』日中戦争）。

「政府としては今次事変を契機として禍乱の根を将来に残さざるよう徹底的なる解決を期し、そのためには相当長期にわたる対戦もあえて辞せざる覚悟と用意とをなし、（中略）

姑息なる妥協は極力排すべきものとす」

「独逸大使を通じての今回の交渉にたいしても必ずしも衷心より賛成せるにあらず、ただ軍部側の切なる希望もあり、かつ今回提示せる要求はわが最小限度の要求なりとの了解のもとに賛成したものなり」

「政府側としては軍部がかくのごとき拙策を採りてまで講和を急がるる真意を了解するに苦しむ」

エッ、政府はこれほどまでに、勝った勝ったと有頂天になり、行け行けドンドンであったのか、と改めて仰天するのみです。指導者が聡明でないことは、民草にとっては不幸この上ないことと、心からそう思うのです。

ここから『昭和史』にもかかなかったことなので、余話となることを承知で、「世界史のなかの昭和史」とかかわりのないことを少々長々とかくことにします。「近衛文書」において「切なる希望もあり」とか「かくのごとき拙策」とかやや愚弄的にかかれている〝軍部〟についてなのです。

事実は、このとき参謀本部のなかには、とくに戦争指導班を中心に戦争不拡大派、トラウトマン工作に大きな期待をかけていた中堅参謀のグループがいたのです。その先頭に立つのが参謀次長多田駿中将。歴史に学ぶという意味からは、やはりかいておかねばなりません。

一月十五日、蔣介石からの回答がとどかなかったからというので、大本営政府連絡会議がふたたびひらかれました。閑院宮参謀総長と伏見宮軍令部総長は欠席、責任が皇族に及ばないようにとの配慮からです。それで多田次長が矢面に立って「わが参謀本部は戦争を継続すること、つまり長期戦には断乎として反対である。何とか交渉の席について停戦協定を結んでもらいたい」ということをこの席で力説することになりました。古賀軍令部次長も多田を支持します。それで、「中国側はまったく誠意なし。もはや交渉の要なし、打ち切るべきである」という杉山陸相、広田外相らと大論争となりました。

議論は紛糾していつ果てるか見当もつかない状況になります。ここで米内海相がどうしたことか、「参謀本部は政府を信用しないというのか。統帥部がそういう風に反対するならば、政府はもう総辞職するほかはなくなる」などと、ほんとうに下らないことをいって、多田や古賀を黙らせようとする。多田は、

「明治天皇はかつて朕に辞職なしと仰せられた。この国家重大の時期に、政府が辞職するなどといったい何事でありますか」

と懸命に抗弁します。しかし近衛首相をはじめだれも聞く耳もたず、会議はいったん休憩となります。

消沈して参謀本部に戻ってきた多田次長のもとには、陸士の同期生とか陸軍省の要職にあるものとか入れ代わり立ち代わり訪れて、説得するのです。このままいくと、嫌気がさすとすぐ放りなげる近衛は総辞職するであろう。そうなると参謀本部が内閣を倒したことになる。そ

南京陥落の祝賀行列に沸く国防婦人会（二条城前）

んなことはすべきではない、輿論のことも考えなければならないのじゃないか、と。

たしかに世情はこのころ、日の丸の旗行列、提灯行列で、「勝った勝った」「南京陥落ヨヤサノサ」と沸いていました。新聞では無敵皇軍は連戦連勝、いまこそ暴支膺懲の秋、と威勢のいいことをかきまくって民草を煽る。日本全体が多田次長にたいして圧力をかけているわけです。多田次長の『多田駿遺稿』（非売品）が残されています。

「常に普通は強硬なるべき統帥部（参謀本部）がかえって弱気で、弱気なるべき政府が強硬なりしは、奇怪に感じらるるも真実なり」

結局、多田は午後七時に再開された会議で、「黙過して、あえて反対は唱えない」と発言することになります。わかりやすくいえば、もう勝手にしてくれ、ということになるでしょうか。疲れはてて帰ってきた多田は「本条件に関する処置は政府に一任することにした」と、迎える参謀たちにいいます。話はこれでジ・エンドではないのです。戦争指導班の参謀たち、高嶋辰彦中佐、堀場一雄少佐、今田新太郎中佐、武居清太郎少佐、秩父宮少佐、そうした秀才参謀たちがそれならば何とかうまい手はないかと、最後の智恵をしぼりました。そして、こうなれば伝家の宝刀たる直接に天皇に訴える「帷幄上奏権」を使おうと考えだすのです。つまり「統帥権独立」の妙を発揮しようというわけです。

戦後になってですが、高嶋辰彦氏にインタビューしたとき、この元戦争指導班長どのは「あまり褒められたことじゃないがね」と、苦笑まじりに語ってくれました。

「大本営政府連絡会議で決定されたことは、そのあと閣議にもちこまれて、閣僚全員の意見一致をみてから近衛首相が陛下に報告にいく。そしてはじめて外交上の国策の決定となる。そこでだ、その首相の上奏の前に、軍がもっている帷幄上奏権を使って、われわれがその閣議決定事項に反対であるということを大元帥陛下にはっきりといっておこうと。天皇陛下も近衛の上奏をうけて、どうすべきかお考えになるに違いない……。

さあ、そこからが大変でしたな。参謀総長が大元帥にお渡しする上聞書をきちんとまとめねばならない。近衛より先に陛下に渡そうというので、手分けしてもう大車輪で。私が参謀総長の閑院宮様をお呼びにいった。宮様は何も知らないから、普段着ですっかり寛いでおられましたな。それにともかく軍服を着てもらって……」

いっぽうで参謀のひとりが宮中の侍従武官清水規矩大佐に電話をし、近衛の参内の予定時間は午後八時半であると確認する。時計を見たら八時二十分。とにかく参謀総長が参内するから陛下のお許しを得ておいてくれ、近衛上奏より先になるようにしてくれ。よし、わかった、となりましたが……。

この日（十五日）の『昭和天皇実録』にはこうかかれています。

「午後八時四十七分、御学問所において内閣総理大臣近衛文麿に謁を賜い、この日の大本営政府連絡会議並びに閣議において、国民政府との和平交渉打ち切りを決定につき、同政府否認の声明に関する奏上を受けられる。ついで、九時三十一分、参謀総長載仁親王に謁を賜い、同件に関する参謀本部の主張につき奏上を受けられる。これに対して種々御下問になり、参謀総長より和平の確たる根拠はなきこと、経費の問題から自発的進撃の意思なきこと等につき奉答を受けられる」

八時四十七分と九時三十一分、和平工作推進派の参謀たちの努力が水泡に帰したことがこれでわかります。せっかくの帷幄上奏権の実行は無効となったわけです。

高嶋元中佐が当時の日記をみせてくれました。

「日本は好戦のために持久戦となれり、千秋の恨事なり。殿下〔秩父宮〕を始め奉り、今田、堀場、武居など、一室一座悲憤の涙に咽ぶ」

悔し涙というか、憤慨の涙というか、無念の涙というか。ともかく万事休すと涙をのんであきらめたのです。

こうして翌一月十六日、大日本帝国は「国民政府を対手にせず」という、例のこれ以上に阿呆なことのない近衛声明を発しました。蔣介石の国民政府は政府として認めない、講和なんてとんでもない、戦いをやめたければ無条件降伏せよ、という宣言です。

のちになって、あんな声明をだしたゆえに日中戦争はあてのないドロ沼の長期戦となり、太平洋戦争につながっていったのではないか、ということをいわれると、近衛は「後から直せばいいと思っていた」とノホホンと答えたといいます。近衛は『失われし政治』という手記にこうかいています。

「抑々一月十六日の声明は、外務省の起案により、広田外相から閣議に諮られたもので、これに後の北支臨時政府の王克敏の要望に基き軍部が乗って帝国声明としたものである」

もう何をかいわんや、「軍部が乗って」とはいいすぎにも程がある。乗ったのは陸軍省の一部だけで、統帥部は反対していたことを忘れているのでしょうか。

◆米砲艦パネー号を撃沈

昭和十二年十二月十三日の南京攻略をあっさりとかきましたが、この日の前後にいわゆる南京事件つまり南京大虐殺という世界史的にもナチス・ドイツのユダヤ人虐殺と並べて特筆される大事件を、わが日本人が惹起したことはすでに『昭和史』などで何度かふれています。それでここでは略しますが、歴史探偵としては、時を同じくして起こったパネー号撃沈事件のことについて、こんどは省かずに記しておくことにします。

これはいかなる事件なるか。じつはそれほどの大事件ではなかったのですが、日本政府と軍部とくに海軍にとっては深刻この上ない戦闘行為であって、当時の新聞で報ぜられた記事を読んでみるのがいちばんわかりやすいでしょう。十二月十三日の夕刊の第三艦隊（のちの支那方面艦隊）報道部発表の「上海特電」がそれです。各紙に小さくでています。

「十二日夕支那軍汽船にて南京を脱出上流に向ひたりとの報により、これが追撃爆撃に向ひたる海軍航空隊は、スタンダード会社汽船三隻を誤認し爆撃を加へ、該汽船及び傍にありたる米艦一隻を沈没せしむるの不祥事を惹起せり。右の事件はアメリカ海軍に対し誠に遺憾千万のことにして、長谷川長官は之に関する一切の責任をとるため直に適当の措置を講じつつあり」

ここにある「米艦一隻」が当時揚子江上にあったアメリカ海軍の砲艦パネー号。記事はごく小さくであったから民草にはほとんど気づかれなかったのですが、日中戦争はじまっていらい、複雑さをましている日米関係を一挙に破局にまで追いやってしまうような大事件でありました。当事者である日本海軍はもちろん、外務省もまたあたふたとし、近衛内閣は対応に窮して頭をかかえて立往生という状態になります。

ことの次第をちょっとくわしくかくと、十二月十三日に予定されている陸軍の南京総攻撃に先立って、日本の上海総領事が九日に諸外国に、揚子江上にある船舶の交戦区域外への移動と「帝国軍ノ第三国財産尊重ノ努力ニ協力セラルル様」にとあらかじめ通報した。これにたいしてアメリカの上海総領事から返報がありました。

「十二日午前九時、パネー号は砲弾の危険を避けるため、南京の上流二十七マイルの地点に移動、スタンダード・オイル会社船三隻もその付近に移動する」

ところが、この通達が十二日正午ごろ日本領事館にとどき、総領事が陸海軍部隊に伝達するより先に、南京を脱出して揚子江上流へ逃げようとする中国軍ありとの報に飛びだした海軍航空隊が、まさしく通報どおり南京上流二十七マイルの江上にあったパネー号ほか三隻の艦船に猛攻をかけてしまったのです。これが午後一時二十五分、しかも五回にわたる爆撃で、パネー号を撃沈、「商船三隻を火災もしくは沈没せしめたり」という戦果をあげました。これは完全に誤認による爆撃で、旗艦出雲によばれたとき、褒められるものと思い意気揚々として出かけたのに、こっぴどく叱られたことをぼやいていた当時の搭乗員の回想を、戦後にわたくしはしっかりと聞いています。彼らは中国軍の砲艦ほかを撃沈、殊勲をあげたものと信じこんでいたのです。

ところが、ほとんど時を同じくして、陸軍が南京の上流にある蕪湖で、イギリスの砲艦レディバード号にたいして砲撃する、という事件を起こしていました。指揮をとったのが陸軍きっての暴れん坊といわれた橋本欣五郎大佐。あっちもこっちもで広田外相は大忙しとなる。

グルー米大使の『滞日十年』に、外相みずからがわざわざ米大使館にくるのは「前代未曾有」のことであり、そして「これが中国の飛行機によるものかもしれないなどと見せかける努力は全然なさず」きちんと詫びた、とあります。

「広田は日本人が感情を面に現し得る最大限度に、心底から心を動かされたらしく見受けられ、〝われわれがこの事件をどんなにひどく感じているか、言葉ではいえない〟といった」

ともかいています。こうしてグルー大使に詫びただけではなく、さらに外相は駐米日本大使に訓令し、ハル国務長官にたいして遺憾の意を伝えさせることにもしました。

◆日本へ宣戦布告？

事件は、当然のことながら、アメリカ国民をして大いに憤慨せしむるもので、でき得るかぎりの中立も静観も吹き飛んでしまったのです。事実、米海軍査問委員会は「当日、天候は良好、視界きわめてよく」誤爆など考えられぬと発表。たしかに、もし爆撃が意図的とみなされたならば、即戦争だと叫ばせるほどに、アメリカ国民を怒らせたのです。グルー大使も「あるいはこのまま戦争へと移行するかもしれない重大危機」と認識し、その日記に暗い文字をかき連ねています。

しかも、レディバード号砲撃を抗議した英艦隊司令長官にたいし、問題の橋本大佐が「交戦区域に進入する船舶はいかなる国の艦といえども砲撃するのみ」と答えた、という報が伝わるに及んで激昂は頂点に達します。パネー号誤爆事件もじつは挑発の意図的な爆撃であったのではないか、という疑念が、ほとんどのアメリカ国民の胸中に沸き上がったのです。

それに何より大統領ルーズベルトがもともと激しい反日感情の持ち主でありました。それに昭和十二年は大統領選挙の年で、ルーズベルトのニューディール政策は、右側からは社会主義であるとの非難がくり返され、とくに前大統領フーバー支持派からは自由への挑戦だとさんざんに批判され、共産党やこれに同調する左側の知識人からはニューディールの不徹底さを攻撃する批判や非難がくり返され、大統領選に当選したもののこの年は苛々のしっ放しであったのです。

しかも議会は、昭和十年のヒトラーのヴェルサイユ条約の軍備制限条項破棄を契機に成立した中立法をより強化せよと揉めに揉め、結局この年の五月一日、いっそう厳しい定義を加えた新中立法が議会を通ります。ルーズベルトの意に反して、侵略国と被侵略国を区別せず、たとえばスペインの共和国政府を見殺しにするような、それでも余計な紛争に巻きこまれないほうがよいとする輿論が圧倒的な力で新中立法の成立を支持したのです。

そうしたルーズベルトには面白からざる状況下で、盧溝橋での一発に発して大日本帝国の中国侵略が本格的戦争化していく。しかも自国の景気はさっぱり回復せず、失業者の数こそ一千万人をやっと割って昭和十一年には七百万にまで減少したものの、〝恐慌の中の恐慌〟と称される景気の後退がはじまっている。それゆえに、大統領第二期出発にさいしてルーズベルトはさながら自問自答のような演説をしているのです。

「一九三三年（昭和八）三月四日に描いたあの計画図の目標に、われわれは到達したのだろうか。われわれは幸福の谷間を発見したのだろうか。（中略）私は知っている。アメリカ国民の三分の一が貧しい家に住み、貧しいみなりで過ごし、貧しい食事をとっているのを」

それだからいっそう、といったほうがいいのでしょうか。アメリカの輿論はヒトラーのむきだしの軍事強国化にたいしても、軍国日本の上海への戦火拡大にも、なお余計な介入に反対の態度をとっていました。依然として戦争に巻きこまれることに反対していた。ルーズベルトはいくらかは躍起となっていたにちがいありません。

そして十月五日、日本では「国民精神総動員実施要綱」が発表され大いに盛りあげようと日比谷公会堂で大演説会がひらかれた直後のこと、ルーズベルト大統領はシカゴで熱弁をふるって国民の奮起をうながしていました。ヒトラーのナチス・ドイツと日本帝国を、一緒くたにしてファシスト呼ばわりし、伝染病にたとえました。そしてこういったのです。

「世界的な不法の伝染病が広がっており（中略）伝染病が広がりはじめたら、社会はその患者を隔離すべきであり、それを実行せねばならないのである」

ごく細かい歴史年表には「隔離演説」として載っている名演説であったらしいのですが、輿論の反応は好ましくなく、構想そのものがあいまいであるといって、ほとんど無視されているのです。大統領になったものの内政において指導力がやや疑われていたことも、ルーズベルトが期待したように国民が動こうとはしなかった理由なのでしょう。すっかりしょげ返ってルーズベルトはそれからは沈黙を守るようになる。

ところが、まさにそこに日本海軍によるパネー号撃沈の大ニュースなのです。ハル国務長官、スティムソン元陸軍長官たち対日強硬論者にとっては、この上ない日本攻撃の好材料となりました。大統領の「隔離演説」を見直さねばならないの声をあげます。しかもアメリカは、その過去において、一八九八年（明治三十一）にキューバ沖で軍艦メーン号が攻撃され沈没したとき、ただちにスペインに宣戦布告をした歴史をもっているのです。アメリカ人とは被害が直接自国の国益そのものに及んできたときには、中立もモンロー主義も何もかもたちまちにかなぐり捨て、一致してカーッとなり、〝自由〟と〝正義〟の名のもとに団結するように思われます。

◆斎藤博と山本五十六

駐米日本大使斎藤博は外務省でも指折りの対米協調外交論者であり、それだけにアメリカ人をよく知っていたのでしょうか。それに日米協調のためには火中に身を投じるも辞さない心意気のある人でした。この外交官が、このとき即座に立ち上がりました。事件第一報に接したあとの行動は迅速果敢、外相からの訓令のとどく前にすでに動きだしていたのです。そのことについて、当時大使館で働いていた坂西志保が「文藝春秋」にかいています。興味津々なので長く引用します。

「揚子江の沿岸でアメリカの戦艦（ママ）パナイ号が日本軍の襲撃にあい沈んだ。わっと世論がわき起こって、みんな数時間どうなることかと思った。日米戦争？　悪くするとそうなる可能性は多分にあった。大使館では本国からの指令を待っていた。時間は徒らに過ぎて行き、取返しのつかぬ重大事に発展するかも知れない。大使はご自分の責任でアメリカという大きな牛の角にかぶりつき、勇敢に取組む決意をした。大使に電話で頼まれ、私は啄木の〝働けど働けどなおわが暮し楽にならざりじっと手を見る〟を訳して大使館に駆けつけた。

一時間後に全米中継放送で斎藤大使はアメリカの全国民に訴えた。三分五十二秒の放送であったが、心の底から湧いて出る大使のまことに打たれ、パナイ号の危機は一応去った」（「文藝春秋」昭和五十年二月号）

斎藤大使が自分の判断で行った全米ラジオ放送の内容の一部は、春山和典氏の『ワシントンの桜の下』によればこういうものでした。

「詫びて済むことではありません。が、損害について、お金で解決できる部分があるならば、日本政府はいかなる条件にも応ずる用意があります。そのことは、アメリカ政府とも、充分、話し合いをするつもりです。日本は、アメリカに較べると、はるかに貧しい国です。

働きづくめに働いても富める国になることは、なかなか難しい。しかし、いかなる犠牲を払っても、日本政府は今回のお詫びをしたいと考えています。そして二度と、再び、日本の軍隊が間違ったことをしないように日本政府は、陸海軍を厳しく監督するつもりです」

おそらく、「働きづくめに働いても」のあたりに、坂西志保の訳した啄木の歌を入れたのであろうが、それにしてもあっぱれなあやまり方です。しかも本国政府からの訓令のとどく前に、というところに意味がある。

同じように、あっぱれな謝罪を示したものに当の海軍があります。軍艦が出動し、米艦船の遭難者の救助に当たっています。また軍務局長井上成美少将は外務次官堀内謙介を訪ねて、

「海軍としては、できるならアメリカ大統領と英国皇帝ジョージ五世にたいして親電を発して心からのお詫びをしていただきたい」と低頭して頼んでいる。

そして解決の衝にあたった次官の山本五十六中将は、

「海軍は、ただ頭を下げるのみである」

と、率直この上ない一言をいい内外の新聞記者に深々と頭を下げ、責任者である第二連合航空隊司令官の三竝貞三少将を直ちに更迭してしまう。少将はのち退役となる。さきに引用した事実そのままの第三艦隊報道部発表も、山本次官の指示によるものでした。国際法の上からも、国際上の儀礼の意味からも、海軍はこのように素早い謝罪に及んだのにたいして、夜

郎自大となっていた陸軍は、橋本大佐になんらの処置をとろうともしませんでしたが。

しかも、このころの日本国民は、そんな陸軍中央部よりもはるかに健全な国際常識をまだもっていたようです。この事件が新聞には小さかったが、ともかく報じられると、二十三団体、三十五名の民間有志からなる団体協議会が弔意を表し、弔慰金の募集をはじめます。その結果、たちまちに三万円を超える拠金が計上されたといいます。都バス乗車賃十銭、都市銀行の初任給七十円、ダットサン千九百円のころの三万円です。そして多くの人がアメリカ大使館を訪れて陳謝し、全国の小学校から送られてくるお詫びの手紙が、グルー大使をびっくりさせました。『滞日十年』十二月二十日のところを引きます。

「パネイ事件の最初のニュースが来ていらい、当大使館に代表者、訪問者、手紙、義捐金が殺到している。あらゆる階級、職業の人々、政府の高官、医者、教授、実業家から学校の子供にいたるまでが、彼ら自身の海軍がやったことに対する恥辱と謝罪の言葉と遺憾の意を表明しようとするのである。（中略）すくなくとも深刻に心に触れるものがあり、日本人は心中いまだに武侠の人々であることを示している」

こうした海軍省と駐米大使と、そして日本の民草の、武士道精神を具現したような心からなる誠意の発露により、パネー号事件はそれ以上の紛糾をみせることなく、賠償金総額二百二十一万ドルで、約二週間後に解決しました。盧溝橋事件いらいたび重なる国際法無視の日本軍の侵略行為、そこにこのパネー号撃沈ときて、グルーが憂慮したように「日米戦争」への崖っぷちに、思いもかけず日本の民草が立たされたかの感のある事件でした。その重大性に比してなんと早い解決であったことか、といえるのではないでしょうか。しかも、その交渉中に日本陸軍による南京での虐殺事件のことが世界に伝えられたのですから、当事者たちが解決のためにいかに真剣にとり組んだか、察せられるというものです。

無事に事件解決となった十二月二十六日夜、山本が次官談の形式で公表した文書が残されています。

「〔事件が解決したのは〕事件発生いらい各種誤解宣伝の渦中において、米国政府ならびにその国民が公正明察よく事件の実相と、わが方の誠意とを正解したるによるものにして、事件の責任者たる帝国海軍としてまことに欣快に堪えず。また、本事件発生いらいわが国民が終始冷静にして理解ある態度を持したることにたいし、深甚なる敬意を表するものなり」

これは戦時下の万事において武張ったときにあって、可能な範囲で、山本が自分の考え方をはっきり示した文章のように思われます。

と、以上、少しく斎藤大使と山本次官をもちあげましたが、じつは斎藤も山本も新潟県立長岡中学校卒（山本が二歳年長）。そしてわたくしもまた長岡中学卒、この正々堂々たる二人のはるか後輩なのです。なあーんだ、などと呆れないでほしいのです。国際問題化した事件にさいして迅速果敢に是非の立場を明確にし、非であるならばこれまたただちに率直明瞭に陳謝することがいかに大事であるか、ここに事件のよき歴史的教訓がある。そう思えるゆえに、少々文を舞わしたのです。

ただし、満洲事変いらいアメリカ人が共通して抱いたであろう日本という国への不信感は、「隔離」すべき国との思いは、この誤爆事件によっていよいよ深まっていったであろうことは残念ながら否定できないのではないでしょうか。

◆ドイツ首相官邸の機密会議

それにしても、いくら戦争の一歩手前までいった事件であったといっても、無事に収まったことを長くかきすぎました。ヨーロッパでは、それこそヒトラーがあえて戦争を辞せずという決断を明らかにしたときであったからです。世界史的にはこちらのほうがより重要といえましょうか。それはパネー号事件が起こるちょっと前の十一月五日のことです。

ヒトラーは首相官邸に軍部大臣、外務大臣ならびに陸海空三軍の最高司令官を集めて機密会議をひらきました。ヒトラーは全員に秘密を厳守するよう誓約させた上で、これからいうことはわが政治的遺書であり、自分が死ぬようなことがあっても必ず実行すべしと命じ、彼ら全員を腰がぬけるほど驚かせました。

ヒトラーの長広舌はかなりごたごたしていますが、要は、ドイツの生活圏を拡大するため積極的領土拡張の開始の時期がいまや到来した、というものでした。それはまさに『わが闘争』

にかかれているそのものずばりのことでありました。

「民族の消長は、互いの人種的優越性を競い合う闘争の結果である。ドイツ東方地域の植民地化は、自存自衛を確保する最良の手段なのである。そこに住むスラブ系住民を劇的に減らし、生き残ったものは農奴とする」

そこで、問題は最低限度の犠牲で最大限度の獲物を獲得できるのはどこか。その答えは中央ヨーロッパである。わがドイツが最終的にはポーランドとウクライナを領土とするために、予備的な段階としてまずオーストリアとチェコスロヴァキアを獲得しなければならないのである。その時機は「いま」である、とヒトラーはいいます。しかし、それをヨーロッパの国々、とくに英仏がはたして黙ってみているであろうか。

この会議の内容を詳細に明らかにしているイギリスを代表するドイツ史家のI・カーショー

ドイツが領土を拡大してゆく1938年ごろのヨーロッパ

の大著『ヒトラー』にこうかかれています。

「イギリスとその帝国は弱体化し、フランスは内政上の困難に直面している。ヒトラーの演説の前半部分の結論は、次のようなものだった。ドイツの諸問題は、つねにリスクを伴う武力行使によってのみ解決できる。残る問題は『いつ、どうやって』実行するかである」

また、ソ連についてですが、ヒトラーはただの一言ですまし、問題にしていませんでした。

「ロシアは、日本の脅威への対応に追われている」

ヒトラーは、そしてこう断言したようです。ヨーロッパのほかのいかなる国より秀れているわが軍事力も、時を経れば怪しくなろう。宿年の敵であるイギリスやフランスに追いつかれたり、追い越されたりすることになるかもしれない。時の経過によってドイツは何らの利得をも得ない。われわれが意図していることは、一九三八年の間であれば、かならず達成できるであろう、と。

カーショーの大著には、総統の豪語に、ほとんどの出席者が納得しなかった様子が語られています。

「とりわけブロムベルク、フリッチュ、ノイラートは驚愕した。彼らが憂慮したのは、領土拡張という目的ではない。この点では彼らとヒトラーの間に違いはなかった。（中略）彼らに衝撃を与えたのは、早期に武力を行使する予想と、ドイツが英仏との戦争に突入するという重大な危険だった。ヒトラーが無謀な危険を冒そうとしていると考えた彼らは、反対の声を上げた」

念のためにかきますが、ブロムベルクは陸相、フリッチュは陸軍最高司令官、ノイラートは外相、その重鎮たちがさすがに反対意見をのべたのです。征服せんとする両国はフランスと同盟を結んでいる、そのフランスは軽視できないと、やや恐る恐る意見具申する。ヒトラーは、これらの同盟は単なる紙の上の盟約でなんら恐るるに足らず、ヨーロッパの政治家軍人どもは威嚇すれば腰くだけとなり、事態を黙認するに違いない、それにイギリスは中央ヨーロッパに何らの利害関係をもっていない、フランスはイギリスの保証なしにはみずから動きだすことはない。

カーショーはさらにヒトラーの雄弁の結論をかいています。

「オーストリアとチェコスロヴァキアの併合は、ドイツ東部国境の安全性を高め、そのための諸力を他の目的に使い、さらに十二個師団を編成することを可能にするだろう。両国から三百万人を追放することを前提とすれば、併合は五百万人～六百万人分の食糧の獲得を意味する。演説の最後にヒトラーは、その時がきたら、チェコへの攻撃は『稲妻のごとく迅速に』遂行しなければならないと言った」

つまり、のちにいう「電撃作戦で」ということです。

結局は、ゲーリングをのぞいてこの席に出席していた六人のうち五人までが、オーストリアやチェコスロヴァキアのような「二次的」な小国を差しだすことで、わが総統の途方もない欲望から〝逃れる〟ことができるかのように、もしかしたら英仏は思うかもしれない、とそう無理に自分を納得させることで、あとは黙りこんだといいます。こうして四時間十五分もかかった討議、というよりヒトラーの野望の独演は終りました。

◆「戦線を東へ！」

昭和十三年（一九三八）の年が明けます。日本では、一月十六日の例の「爾後国民政府を対手にせず」の近衛声明によって、いっそう中国大陸における戦火は拡大し、事変は本格的な戦争となりました。さらに四月一日、国家総動員法が公布され、世はまさしく戦時下となります。戦争は国家の全智全能をあげてのみ遂行される。武力だけではなく、物的・精神的全国民力を総動員して戦わなければならなくなった。国家は民草に有無をいわせず従うことを命じました。

そしてヒトラーのドイツでは、一月二十六日にまずブロムベルク陸相が解任されます。警察の調査によれば、彼の再婚相手が過去に売春とポルノモデルをしていたことが判明したから、というものでした。つづいて九日後に、内相ヒムラーのファイルに、同性愛の証拠があがっているという理由でフリッチュ陸軍最高司令官も罷免されます。外相ノイラートもあっさりクビとなったのはそれから間もなくのこと。しかし、三人はまだ幸運であったかもしれません。これがスターリンのソ連なら、銃殺刑に処せられていたかもしれませんから。

そして、陸軍最高司令官にはブラウヒッチュ大将、ノイラートの代りにリッベントロップがその席につきます。このほか十六人の将軍が解任され、陸相兼国防軍最高司令官にはヒトラーみずからが着任、いわば旧軍事体制の最高の砦は抗議の声もだせないまま崩れ落ち、ヒトラーがしっかりと全軍の指揮権を一手に握ることになりました。

二月二十日、ドイツは満洲国を新国家として承認しました。さらに六月二十四日には、新外相リッベントロップが以下の命令を発しました。（1）トラウトマン大使は職を離れて香港に赴き、妻の健康回復をまって帰国せよ。（2）すべての軍事顧問団は即座に中国を離れ香港に集結すべし。（3）帰国を拒否するものは反逆者とみなす。これで七月五日には中国に派遣されていた軍事顧問全員が帰国することになりました。

このドイツの好意的な接近は日本陸軍を大いに喜ばせましたし、外務省のなかにふえつつあった親独派の面々を少なからず鼻高々にさせます。が、ヒトラーの魂胆が、やがてポーランドを手中におさめ、来るべき対ソ戦争のさいに東からソ連への攻撃を日本軍に強要するためのものと、はたして察していたでしょうか。

いや、元に戻って、国防軍最高司令官ヒトラー総統の命一下、ドイツ軍がオーストリアへ進駐したのは三月十二日。他国の思惑などまったく無視。ヒトラーは戦闘機隊をひきつれてベルリンを飛び立ち、ミュンヘンの空港に着陸、そこから親衛隊（ＳＳ）の先遣隊とともに夕刻にはリンツへ。そして市庁舎のバルコニーから、オーストリアがドイツ帝国へ併合されたことを宣言します。

　さらに十四日にはウィーンへ先頭に立って堂々と軍を進めました。このナチス・ドイツのオーストリア併合は拍手をもって迎えられました。住民投票で九九・七五パーセントが賛成したというのですから。

　地図をみればわかるように、オーストリア併合によって、ドイツの同盟国ハンガリーとイタリアが、ドイツと直接に国境を接するようになりました。そしてそのいっぽうでチェコスロヴァキアは、その北・南・西をドイツに包囲されたことになります。もうだれの眼にも明らかになりました。ヒトラーは前からの宣言どおり東方へ打ってでる、すなわちチェコスロヴァキアの併合がつぎの軍事行動となるであろうと、ドイツの新聞はあからさまにそう論じました。

　四月九日、ヒトラーはウィーンで声も高らかに叫びました。

「この国から一人の少年〈ヒトラーのこと〉をドイツ国家に送り、彼を成長せしめ、彼をしてその故国〈オーストリア〉をドイツ国家に返還せしめるためにドイツ国民の指導者として立たしめたのは、すべて神の意志であったと、私は確信する。そこにはより高い命令があるのみである」

　では、その全能の神はつぎにどんな命令を、もとはオーストリア人であるドイツ帝国の指導者に下し給うのでありましょうか。それは併合の準備として、まずはチェコスロヴァキアのドイツとの国境地帯に居住するズデーテン・ドイツ人をして反政府運動を起こさせるべく、ナチスの宣伝組織が巧みにリードすることからはじめられたのです。

ヒトラーもさすがに慎重でした。それにドイツ国防軍の将軍たちも、いくら最高司令官どの（ヒトラー）の命令とはいえ、併合の軍事行動がどんなに危険なことかわかっていました。ベック参謀総長が陸軍総司令官ブラウヒッチュあてにだした覚書が残っています。

「チェコスロヴァキアにたいする軍事行動が、自動的にヨーロッパ戦争または世界大戦に発展するという事実に、われわれは当面しているのである。かかる戦争は、人間的な先見の明をもってすれば、ドイツにとって、軍事的のみならず一般的な大破局に終るであろう」（ホーファー『ナチス・ドキュメント』）

それゆえに、ヒトラーの戦争決意に反対して、参謀本部幹部たちは全員辞任で対抗すべきである、それが国民と歴史とにたいするわれわれの義務というもの、とベックは賢明にも訴えたのです。その結果はどうなったか。八月にクビとなり、のちの昭和十九年（一九四四）七月のヒトラー爆弾暗殺計画に失敗したあと自殺（残念ながら未遂で連行され、内密に射殺されましたが）。人間の常識あるいは良識というものは、澆季末世にあっては自滅するもの、それが非情の歴史的事実といっていいようです。

それにつけても、このときドイツの民草はどんな気持ちで、全ヨーロッパ列国を敵とするようなヒトラーの軍事行動の成り行きをみつめていたのか、どうしても気になるところです。ナチス一強にたいする国内の抵抗は昭和十年までにほぼ消滅。反対派でドイツに残っているものは、何とか秘密の連絡をとり合っていたのでしょうが、ヒトラーの体制を壊乱するようなことはまったく不可能でした。つまり大方の人びとはいまや国民共同体の一員であり、総動員体制に組みこまれ、民族的優秀性にもとづきわれらの未来には輝かしい展望がある、と思っていたのでしょうか。そうです、強大な軍事力に支えられた強引な外交によって、戦争をせずにわれらが望みはかなえられると信じていたのです。「戦線を東へ！」というスローガンのもとに、熱に浮かされたように、かりに戦争になっても短期間の局地的な戦いですむと確信していたのです。

◆ミュンヘンの愚かな協定

ヒトラーは世界戦争につながるかもしれないズデーテン地方への軍事行動については、あくまでも慎重でした。そこでまず得意の弁舌によって自分の決意が奈辺にあるかを、ヨーロッパの各国の指導者に警告として知らしめることから第一歩を踏みだします。九月十二日、ニュルンベルク党大会で滔々と弁じました。

「チェコスロヴァキアにおいて圧迫をうけている大多数の民族のうちには、三百五十万のドイツ人がいる。万能の神は、これらの人間がヴェルサイユ条約によって作られた国家組織によって、かれらを憎悪する外国権力に隷属せねばならぬ如くに、かれらを創り給うたのではなかった。（中略）私は、チェコスロヴァキアの三百五十万のドイツ人に対する圧迫が停止せられ、民族自決の自由なる権利をもって代えられることを希望する」

各国指導層は、あるいはドイツが最後通牒を突きだすのではないかと、このとき固唾をのんで聞いていましたが、ヒトラーが平和的解決を望んでいると理解し、ホッと胸をなでおろします。しかし、これこそが投げた餌にまことに見事に喰いつかせた、と形容してもいいヒトラーの策略的な演説であった、といえるのではないでしょうか。

歴史的にも有名な、外交的には屈服、軍事的にも大失策と評される英仏独伊の指導者たちのミュンヘン会談がひらかれたのが、それからわずか二週間余たった九月二十九、三十日であったからです。会談は計十三時間で、あっさりとズデーテン地方委譲の協定に英仏の代表は署名してしまいます。ヒトラーは終始上機嫌でありました。

イギリス首相チェンバレンは、ヒトラーの存在が究極の脅威であるかどうか、最後まで決めかねていました。むしろスターリンこそが脅威だと確信していたようです。ドイツに脅威となるのは自由民主主義ではなく、ソ連の共産主義だとくり返し語るヒトラーの言葉を、本気に信じたといわれています。フランスのダラディエ首相も同様で、「ヨーロッパはぼやぼやしているとコサックに支配される」と、こっちもそう信じていたのです。

ヒトラーが「もしチェコが嫌だといったら」と問うたとき、チェコと同盟のパートナーであるはずのダラディエが容赦ない口調で答えたというのです。

「嫌だと？ 閣下、嫌だなんて言わせませんよ」

つまりは、英仏の二人の指導者は、ヒトラーとスターリンという二人の稀代の極悪人の、その悪の軽いと思われるほうへの譲歩を選んだのです。妙ないい方かもしれませんが。

歴史は、しかし、アッケにとられる風景をつぎに見せてくれます。九月三十日午後五時三十八分、イギリスのヘストン飛行場に着陸した飛行機から姿をみせたチェンバレンが、快活な口調で、

「私は名誉ある平和を持ち帰った。これはわが時代のための平和であると信じる」

といったとき、人々は大歓迎の拍手で首相を迎えました。そしてチェンバレンは国王陛下にお目にかかりお褒めの言葉を戴き感激します。ダラディエもル・ブルジェ空港で凱旋将軍さながらに歓迎をうけました。「ダラディエ万歳！」の大歓声に首相はさながら少年のように喜びにわれを忘れて手をふりつづけたのです。政治的決断の恐ろしさは、時が経ってみないとわからない。時や場所に関係なく、歴史に共通している恐ろしさ、といってもいいと思います。

いっぽうのドイツです。翌十月一日、ドイツ軍は国境を越え、いささかの抵抗も受けることなく、マジノ線（独仏国境にフランスが築いた要塞線）を楽々と通過していきます。チェンバレンとダラディエとが、ヒトラーのためにあらかじめ開けておくように指示してあったのです。

その日の午後、ヒトラーはプラハ市内を車で走り回りました。ドイツ国内でそうするように、チェコ国民に新しい支配者の姿を拝ませてやるぞ、とばかりに、胸を張ってヒトラーは車の中

にすっくと立っていました。そして翌日、ベルリンへの帰路に、随員に語りました。
「ミュンヘン〈会談〉のごたごたよりも、プラハ入城のほうがずっと楽しかったぞ」

　こうしてオーストリアとチェコのズデーテン地方がなんらの血を見ずして「第三帝国」に併合されてしまいます。ロンドンとパリでは「平和の救済」として大々的に発表され、市民たちは祝福を交わし合います。アメリカでは、たしかに一部に「チェンバレンは交渉の成功でいい気になっているが、ヨーロッパの民主主義を大きなリスクにさらしているのではないか」という声がなくもなかったのですが、全体としては国内の経済問題で頭がいっぱいで、ほとんどの人がヒトラーの野望には我不関焉であったのです。ルーズベルト大統領その人も、このときはその声明の数々が、世界情勢に与える影響よりも、むしろ国内向けの政治的効果をねらったものばかり、といってよく、高潔で「進歩的な」イメージをアメリカ国民に与えようと懸命であったともいえるようです。

　そしてヒトラーは、このとき、どんな思いでいたか。十一月十日、ミュンヘンでナチスの新聞記者やジャーナリストたちだけ四百名を極秘に集めて質問にも応じたりして、驚くほどの率直さで本心を語りました。いまの自分は、東方へ領土を拡げるために、ずうーっと平和を口にしなければならなかった。そのために、諸君をはじめドイツ国民の気がずるずるとゆるみすぎたことに、すこぶる残念な思いをしている。遺憾この上ないことだ。平和、すなわち生活の安定をさながら国際社会の常態として、わが国民が易々としてそれをうけいれることは間違っているのだ。それは敗北をうけいれるにひとしいのである。暴力は避けられないものなのだ。諸君はもちろん、ドイツ国民はその覚悟をあらためていまからしっかり固めなければならない。それを強く要望する。云々。

ミュンヘン協定が第二次世界大戦の進路を決定した、英仏の譲歩が途方もない愚かなことであったといわれる意味が、ヒトラーのこの本心の吐露、戦争を覚悟しての東方への侵略はまだこれからである、といわんばかりの言葉からもよくわかります。くり返します、これが歴史の怖さというものなのです。

◆漢口攻略作戦の下令

では、このころの大日本帝国は？　となると、すでにふれたように国家総動員法の公布（四月）につづく施行（五月五日）とともに、総力をあげて日中戦争完遂のための戦時下体制ががっちりと固められました。民草は、いや大日本帝国の国民はこの法律によって政府に全権を与えてしまったのです。中国大陸では〽徐州徐州へと軍馬は進む……の徐州作戦が進められ、国内では戦争ムードがもう昂揚するいっぽうで、新聞社が進んで軍に協力し、「新聞は戦争とともに繁栄する」とばかりに部数拡大のために国民を煽りに煽っていました。いちばん大事である〝言論の自由〟は完全に失われてしまったのです。

まさにそうしたときの六月、陸軍中央部を大喜びさせるような朗報が関東軍司令部から飛びこんできました。ソ連の極東地方内務人民委員部長官リュシコフ三等大将が、スターリンの粛清を恐れて脱出、日本に亡命してきた、という。革命のさいの功績でレーニン勲章を授与されている超大物の逃亡事件。はじめは亡命を装った謀略かと疑心暗鬼のところもあったのですが、ともかくこの大物がスターリンの恐怖政治の内幕を包み隠さず語りに語ったのですから、これは間違いなく本物の亡命だと納得することになります。とくに赤軍の実戦力が有能な指揮官を多く失ってガタガタになっている事実に、秀才参謀たちはひそかに欣喜しました。

ただし、長大なソ満国境に配備されている赤軍の戦力についても、リュシコフは歯に衣を着せずに語ったのです。航空兵力は全部で二千機、戦車千九百台と。参謀たちは、対するわが軍の兵力は、とただちに暗黙のうちに計算します。こっちの飛行機は三百四十機、六分の一だ。戦車は百七十台、十一分の一にすぎない……これは安心などしてはいられないではないか。

ところが、陸軍中央部は一応は「エッ、まさか」と驚倒しましたが、そこは例によって根拠のない自信によって、たちまち思い直すのです。有能な指揮官のいない過大の兵力は所詮はハンドルを失った自動車、いや案山子の軍隊にすぎないと。そして、独りよがりの優越感にいっそうの拍車をかけることになるのでした。いまのソ連軍恐るるに足らず、チャンスだ、中国での作戦は予定どおりに存分に進めるべきである、と。

『昭和天皇実録』六月三十日の項にかかれています。

「午前十一時、大本営に臨御される。参謀総長載仁親王より漢口作戦の構想並びに各軍の行動の概要につき奏上を受けられる。また、第二軍参謀岡本清福より黄河決潰の現況につき、北支那方面軍参謀寺田済一より山西方面の状況につき、中支那派遣軍参謀公平匡武より揚子江方面作戦進捗の状況につき、参謀本部第一部長橋本群より漢口作戦細部の構想につき、それぞれ奏上を受けられる」

陸軍が広大な中国大陸に身に余るほどに兵力を展開し、さらに漢口、漢陽、武昌のいわゆる武漢三鎮攻略作戦に踏みきろうとしていることがよくわかります。しかも、七月十五日には、ソ満国境の東南端、日本海にそそぐ豆満江の河口近くの、満洲国・ソ連・朝鮮半島の国境が接する張鼓峰で、越境してきたソ連軍に一帯の丘陵を占領されてしまいました。報告をうけた朝鮮軍司令官小磯国昭大将は、あと二日で中村孝太郎大将と交代することもあって、「支那事変の最中、こんな場末の丘ひとつくらい問題にしなくてもいい。放っておけ」と歯牙にもかけなかったのですが、参謀本部作戦課長稲田正純大佐が「漢口作戦が進みいる現在、ソ連はほんとうに心配ないか保証を得るため、たまたまこの限定地域に起こった事態を利用して、対ソ威力偵察を試みるのもまたよしだ」といいだして、結果として、「少兵力をもって張鼓峰の夜襲奪回」を朝鮮軍に命じることになってしまうのです。

現地の師団長はさっそく独断夜襲をかけて丘陵を奪回しますが、それ以上は進んではならぬと軍命令が下りました。そこで小さな丘を専守防衛となったのですが、ソ連軍が空軍を動員して大反攻。これにこっちも空軍動員となれば本格的戦闘になってしまう。やむなく丘陵にしがみついて頑張るのですが、あとで判明したところでは毎日二百名ずつの死者がでたというのです。この作戦のことを耳にした山本五十六次官が新聞記者に痛烈な陸軍批判を語りました。

「どこかにひどく頭の悪い軍人がいる。出ちゃいかん、引いちゃいかん、という。じゃあ、どうすればいいんだ。こんなバカな戦争が世の中にあっていいのかよ!!」

陸軍中央はカンカンになったといいます。

この張鼓峰事件は、八月十日にモスクワで停戦協定が成立して終ります。途中で、ソ連との全面戦争になったらどうするのか、と憂慮した天皇が、板垣征四郎陸相を語気を強めて「今後は朕の命令なくして一兵たりとも動かすことはならん」と叱りつけ、板垣は「もう自分はふたたび陛下のお顔を見上げることはできない。ぜひ辞めたい」といいだして、この陸相の辞職騒ぎで内閣はてんやわんや。そんなエピソードがあるのですが、昭和史に深入りすることになるのでここまでとして省略します。

いずれにせよ、参謀本部が結果的には千四百四十名の戦死傷者をだした（ソ連軍は八百四十七名）この戦いは、〝火遊び〟ぐらいの気持ちではじめたことに発したのです。ところが、張鼓峰でソ連軍が本格的には立たない、いや、立てないことを確かめることができたと、参謀本部はすっかり満足してしまうのです。

「所期の目的を十分に達成することができた」

それが稲田課長の評価でした（『別冊知性』「ソ連極東軍との対決」）。

そして参謀本部はそれならばと自信をもって八月二十二日、漢口攻略作戦開始の命令を下すことになる。日中戦争は拡大の一途をたどることになりました。

◆ヒトラー・ユーゲントの来日

では、このころのわれら国民がどんなであったか、については『B面昭和史』で、「兵隊さんは命がけ、私たちはタスキがけ」の標語で代表させ、〝銃後〟がすっかり戦場と結びついてしまった世情をかきました。じつは、もう一つ、そのころから世の中がある色一色に染めあげられはじめていました。

文芸評論家中島健蔵の『昭和時代』を引用します。

「日本が、国体明徴以来、ファッショに近づき、ことに防共協定以後は、単にコミンテルンに対するだけでなく、イギリスやアメリカに対しても縁が遠くなっていくにつれて、ドイツ文学科がばかに景気がよくなっていった。ドイツ人でもなく、フランス人でもイギリス人でもない日本人なのに、ドイツ文学者の中には、あたかも自分がドイツを代表しているかのように、そしてフランス文学科にいるわたくしたちがあたかもフランスの利益を代表しているかのようないい方で、さかんにからかうやつがいる。フランスが落ち目でお前たちはかわいそうだ、という調子である。／こういう一種の国籍喪失者が出るのは、おかしなことである」

すでにかいたようにこの年の二月、リッベントロップが外相となり、国民政府からドイツ軍事顧問団を引き揚げさせたことは日本陸軍を喜ばせましたが、それを契機にしてドイツの対日政策が変わったのが明瞭になりました。ヒトラーが自分の東方への侵攻計画が成熟しつつある過程において対英関係の調整を見限ったのです。そして代りに東方への領土拡大（最終目標はソ連攻略）のために役立つものは、大日本帝国の強力な軍事力なり、というわけです。

十三年四月、ヒトラーは駐日武官であったオットー将軍を駐日大使に昇格させます。名目は日独防共協定を結ぶさいの功績により、というものですが、これがホームラン級の大当たりの人事となったようなのです。日本人にナチス・ドイツという国がいかにすばらしい国であるかを売りこむに、これほどほうぼうに目を配り、愛想よく、ある意味では巧みに見えざるように辣腕をふるった〝外交官〟はいないのではないか。そういってもいい人物でした。いや、単に売りこみ上手な宣伝マンというだけでなく、彼が大使になっていらい、日本におけるナチス宣伝体制というものが見事に確立し、そしてその年の夏ごろから日本陸軍への働きかけがぐんぐん活潑化していったのです。

いまは永田町の国立国会図書館となっているところに当時はドイツ大使館がありました。道を隔てたいまの憲政記念館と隣の駐車場が陸軍参謀本部です。あるいは正面から衛兵の敬礼をうけて堂々と、あるいは裏口から人に知られないようにすうっと、大使はもちろん、ドイツ

来日したヒトラー・ユーゲントと記念撮影をする板垣陸相（下段中央）ら

の宣伝部隊の隊員たちは進軍を開始したのです。建物の位置がまことに都合よかった。

　そういえば十三年八月十六日、ヒトラー・ユーゲント使節団が東京にやってきたことが思いだされます。帰国の途についたのが十一月十二日（東京朝日新聞）とありますから、ほぼ三カ月。まだ子供のくせに大人以上に、命令一下、訓練どおりにすばらしい秩序を保ち、整然と行動するこの若ものたち。たった三十人なれど、ウヘェーとわれら日本の少国民を驚愕させた、というよりいま思いだせば、不愉快きわまりない来日であったのです。

　当時わたくしは八歳の小学校二年生。創立したばかりで向島区でいちばんピカピカゆえにわが小学校にその実物の一部が来たものか、単にニュース映画で観せられただけか、耄碌したせいかややはっきりしません。が、とにかくその一糸乱れることなく行進する連中に、「お前たちもやればできるはずだ、よく見習っておけ」と先生にハッパをかけられ、大そう軍隊式に鍛えられた記憶だけはくっきり残っています。

のちに調べてわかったことは、当時のナチス・ドイツにおいては十歳から十八歳までの男子を、年少組織（十〜十三歳）と年長組織（十四〜十八歳）にわけ、この年長組織をヒトラー・ユーゲントとよび、女子は少女団（十〜十三歳）と女子青年団（十四〜十八歳）にわけ、こちらは総称としてドイツ女子青年団とよんだ、とのこと。来日したのはそのヒトラー・ユーゲント、つまり「将来の兵士」として手榴弾投げ、射撃訓練、行軍演習など軍事訓練で十分に鍛えあげられた連中でした。ですから動作はキビキビして、眼光はキラキラと光を放ち、われら下町の悪ガキどもにとっては手本は二宮金次郎の銅像だけでもう沢山であったのに、余計なものの来日であったのです。

日本政府と軍部は明らかにこれに範をとって、太平洋戦争の末期の昭和二十年六月、本土決戦に備えて義勇兵役法を施行し、十五歳以上六十歳以下の男子と十七歳以上四十歳以下の女子の全員に「いざというときには鬼神をも哭かしめる勇戦敢闘」を命じたのであると思います。そのための猛訓練もさせられました。いやいや、それ以前から中学生や女学生に軍事教練を必修課目とし、一旦緩急あらば義勇公に奉じとびしびし鍛えることがはじめられていましたが、すべてヒトラー・ユーゲントに学ぶところが大きかったのではないか。そうに違いないのです。

平成二年（一九九〇）十一月、わたくしはベルリンを訪ねたとき、シュプレー川にかかったモルトケ橋の上でしばし感慨にふけりました。昭和二十年（一九四五）四月二十九日に、ここからソ連軍はベルリン中央の官庁街に突入しようとしました。この要衝を守備したドイツ軍の主体SS（親衛隊）第十二機甲師団は十六歳から十八歳までの青年団と、援護に加わった十三歳から十五歳のヒトラー・ユーゲントが主兵力でありました。彼らは〝ドイツ的誠実〟とあらんかぎりの勇気をふりしぼって訓練どおりに戦い、ほとんど全員が戦死。戦史にそうかかれているのをわたくしは読んでいました。大日本帝国敗戦のとき、わたくしは十五歳、かれらと同じ年代でした。もしあのとき、米軍を迎え撃っての本土決戦が作戦どおり遂行されたなら、との幻想が、橋を渡るわたくしをおのずから感傷にみちびいていくのをとめることができなかったのです。

脱線しすぎた話になりました。大日本帝国はほんとうに昭和十三年の夏ごろからナチス・ドイツにぐーんと身をすり寄せていった、その一つの象徴としてヒトラー・ユーゲントの来日があったことを語りたかったのです。

◆なぜ日本人はドイツ好きなのか

いまは古書店でも見かけなくなったようですが、ウッドヘッド著『日本におけるナチ第五列』という、日本にいかにしてナチスの影響が浸透していったかを明らかにしている本があるとのことです。その本によると、昭和十三年には陸軍省、内務省、外務省に潜入したナチスの第五列（宣伝部隊）は、中野正剛の東方会、天野辰夫の神兵隊など右翼勢力にも手を拡げていった。さらには日本の国民を懐柔せんとのプロパガンダがいっそう大規模になった、といいます。以下、長い孫引きの引用を。

「書物やパンフレットや写真やフィルムがさかんに持ち込まれた。ドイツの銃砲、タンク、飛行機などの写真を眺め、英人のその植民地における残忍性と、到る所におけるかなしむべき無力、米国の頽廃と偽善、あるいは内外における金権政治に対しては、手に手をとって進まねばならぬ日独青年の使命などについての講話を聞きつつ、日独文化の交流を促進するを目的とする諸種の学生団体が組織された。東京の日独文化協会および京都にある同様の団体はいずれもとっくの昔に純然たる宣伝機関と化していた」（鶴見俊輔ほか編『日本の百年』）

こうした日本のナチス・ドイツへの急速な傾斜そして心酔ぶりを読まされると、つられて宣伝相ゲッペルスのことが自然と想起されてきます。この男はある意味ではいまの商業宣伝の始祖といえるかと思います。彼はベルリンを舞台に祭日をふやし、大衆を動員し、広場と街頭での壮麗な儀式を連発しました。政治も経済も、彼にあっては宣伝であり、儀式であり、カーニバルなのです。祭りは、カーニバルは、社会全体によって演じられる政治的神秘のいわば大遊戯、同時に、大衆の一人ひとりに〝英雄〟の役割を演じさせることでした。ロマンチックに、そしてセンチメンタルに大統一国家を希求するドイツ民衆は、祭りの興奮に率先して身をゆだねていったのです。ゲッペルスはいっています。「宣伝とは単純化の技術である」と。

オットー大使を先頭にたてて、十三年秋ごろから日本におけるドイツの宣伝戦は、まさにゲッペルス流にいよいよ活潑になっていきました。大使館員たちは日本の祝祭日にはかならず参加し、宮城遥拝、君が代斉唱、神社参拝などの儀礼を、日本人以上に恭しく行います。神主の祝詞の意味がわからなくてもとにかく深く頭を垂れて祈り、日本人の琴線をゆり動かすのです。かと思えば、新聞・雑誌などにドイツの不利益となるような記事が載れば、ただちに大使の出動です。外務省を訪れ、こうした記事が載ることはコミンテルンの謀略であり、日独防共協定の趣旨に反すると、口調は柔らかなれども厳重抗議なのです。それはもう日本のメディアが悲鳴をあげるほど徹底していました。

昭和十三年の日独接近は、歴史の〝必然〟というか、歴史の〝悪戯〟というか、驚くほどの急速さで展開されていきました。しかもベルリンでは、東京でのオットーたちの活躍をしっかりと見とどけた上で、外相リッベントロップが、十月初めに駐ドイツ大使となった大島浩と、防共協定をさらに強固とした軍事同盟にしようと、ひそかに囁くようになっていたのです。大島も本気になって賛意を表し、活動をはじめました。折からの十月二十七日、日本軍は武漢三鎮を予定どおり占領し、蔣介石は遠く重慶に落ちのびていきます。こうなって東京ではまたしても、「勝った勝ったの下駄の音」と昼は旗行列、夜は提灯行列で、連日のように民草は歓声をあげつづけています。

ドイツでも、日本でも、当たるところ敵なしです。〝世界の孤児〟であることなど忘れきったようです。当然のことながらヒトラーの東方拡大政策はつぎの目標であるポーランド攻略のために、ソ連を牽制する上からも日本との軍事同盟を必要とすることになるわけです。日独はますます接近していきます。

ところで、ここでまた余話的になりますが、オットー大使が日本で宣伝工作に奔走しはじめたとき、その情報顧問として片腕のように信頼されていたのがゾルゲであったのです。ドイツの新聞の特派員として来日していた彼が、ナチス党員であるとともに、ソ連赤軍第四部（諜報機関）の一員でもあったことは、いまはとくと知られています。そのゾルゲ・グループの活動で、想定外ともいえるほど強く結びつこうとしている日独の動きは、たちまちにスターリンのもとにとどいていたのです。この動きを狡智と邪推のかたまりのスターリンが手をこまねいて眺めているはずはありません。

こうやって視界を広げて世界史的にみてみると、この年を境目とする世界情勢の安定の崩壊は、もうとめようがなくなっていたのではないか。時が解決してくれるどころの話ではない。歴史に〝もしも〟はありませんが、ナチスのチェコスロヴァキア侵略のときに、英仏が強くでて戦争に踏みきっていたならば、第二次世界大戦にはならなかったのではないか、という議論がいまもされているのはそのためでありましょうか。

英下院議員チャーチルが十月十五日にミュンヘン協定の是非を討議する議会で、ヒトラーはオーストリア併合で十二個師団をあっさり手に入れ、チェコの武装解除でさらに三十個師団をほかの戦場へ配備することが可能になった、と指摘した上で、こう叫びました。

「決してこれが終りであると思ってはいけない。これはヒトラーの計画のほんの序の口にすぎない。これは、われわれが精神的健康と軍事力を最高度に回復し、むかしのようにふたたび起ち上がって、自由のためにわれわれの立場を守らぬかぎり、われわれに与えられる苦杯のほんの最初のひと口、最初の味わいにすぎないのである」（『第二次大戦回顧録』）

この場合の〝われわれ〟とはイギリス人だけではないのです。人類がひとしく直面しなければならなかった惨憺たる歴史の悲劇の、芝居にたとえれば開幕の拍子木が鳴ったとき、であったと思います。こうして昭和十三年が過ぎていきました。

＊1――この閣議決定の背景に、七月十七日に表明された蔣介石の有名な「生死関頭の演説」があった、とみるのが正しいように思う。すなわち「弱体国家の人民としてわれわれは、数年来隠忍自重、あらゆる痛苦を忍んで和平を維持してきたが、もし不幸にして最後の関頭に至ったならば、徹底的犠牲、徹底的抗戦によって、民族の生命を賭して国家の存続を求めねばならない。／そのときにあって、不徹底な妥協は許されず、全国民がいわゆる〈最後の関頭〉の意味を充分に認識すべきである」。この演説をうけて、二十日の閣議で杉山陸相が三個師団の動員問題を強くいいだしたのである。

＊2――アメリカの中立法とは昭和十年（一九三五）に制定され、大統領が外国間の戦争状態、および内乱の重大化と認めたとき、その旨を布告し、交戦国または内乱国に武器・弾薬類を輸出することを禁止する法律である。さらに昭和十二年五月に修正、より強化されていった。

半藤先生の「昭和史」で学ぶ非戦と平和

世界史のなかの日本 1926~1945 上

解説

文 山本明子
（「昭和史」シリーズ編集者）

日本列島だけが描かれた地図を見ているとピンときませんが、世界地図を広げてみれば、日本が大海に浮かぶ小さな島国であることが実感されます。面積でいえばロシアの約四十五分の一、アメリカの約二十五分の一です。昭和の戦争を考えるとき、アジアの小国である日本がなぜ、ほとんど全世界を敵にして戦うことになったのか。既刊『戦争の時代』では、おもに国内の政治や軍部など指導層の動きを追うことで、戦争が避けられなくなっていく過程をみてきました。しかし歴史は因果関係であるということを視野を大きくして考えれば、各国の思惑や関係、それらによって微妙に、ときに大きく変わる、片時も止まっていない国際情勢のなかで、日本はどう動かされ、どんな位置に立たされて戦争へと突き進んだのか、自国の事情を追うだけではわからないことも、巨視的になれば見えてくることが少なくありません。そのすべてが絡み合って昭和二十年八月の無条件降伏につながったのです。

本書は、昭和史を世界史の視野から時系列にたどった試みで、極端につづめれば「ヒトラーとスターリンとルーズベルトが動かした日本昭和史」ともいえます。もとは『世界史のなかの昭和史』と題して二〇一六年十二月から翌一七年十二月にかけて隔月刊誌『こころ』Vol.34～40に連載、翌一八年二月に刊行されました（エピローグは書き下ろし）。著者が八十六歳から八十七歳のときの仕事で、十五年をかけた『昭和史』シリーズの完結篇です。

上巻は、後に昭和天皇となる裕仁親王が摂政をつとめた大正末から昭和の幕開けにはじまり、日中戦争に突入して日本が世界と敵対してゆく過程、また下巻は、第二次世界大戦がはじまるとともに「世界史の主役」に躍りでた日本が太平洋戦争開戦に踏み切るまでが詳しく述べられ、敗戦から現代についてはエピローグで短くまとめられています。これまで以上にアンバランスな構成ともいえますが、開戦以降は『戦争の時代』下巻で詳しく語られており、「非戦と平和」を学ぶ本シリーズの最大の課題が「日本は開戦をどうして避けられなかったのか」であるとすれば、世界史のなかでみた日本のその大問題については、本書で十分学ぶことができるのです。

開戦までの流れを世界史のなかでみると、著者がいうように、日本はヒトラーやスターリンら巨悪の思惑、アメリカや中国の情勢に即した動きに翻弄されるなかで戦争を避けるチャンスを逃し、無惨な結末への道を進みました。戦争のない未来を目指し、それぞれの国がいきいきと並立してゆく道を探るうえで、世界が戦争に巻き込まれ、日本が翻弄されつづけた過去を客観的、相対的に見つめることは今後ますます大切です。それには本書を、たえず俯瞰しながら、どの国とどの国が接近し、また反目し、侵攻したなど、自分なりの勢力図を頭に描き、そのつど更新しながら読むことはたいへん有効でしょう。変化しつづけるややこしい情勢をわかりやすく解きほぐそうと苦心した著者の、おおむね講談調、ときに文学的な表現をはさんだ柔軟な叙述は、歴史を学ぶ新たな手法の可能性さえ感じさせます。存分に活用しながら、近代史を大局的につかむ姿勢を身に付けたいものです。

なお本書がかかれた時期は、アメリカでは自国第一主義を掲げたトランプ大統領、日本では長期にわたって安倍首相が政権を握っていました。そのことへの辛口の言及もちらほらとみられ、過去を語りながらつねに現代を見すえる著者の姿勢がうかがえます。

また日中戦争のドイツによる和解策にからむ軍部の話など、本書では既刊でかかれなかったり、簡単に済ませたいくつかのことが詳しく述べられています。そこでは新たな史料として『昭和天皇実録』がふんだんに活かされ、いわばヴァージョンアップを果たしています。

＊

では各章のあらましと読みどころをみていきましょう。

プロローグでは、本書のキーワードともいえる「歴史の皮肉」について短く述べられています。「歴史は無情で、残忍で、非人間的な、酷薄なもの、つねに思いもかけない偶然を用意する」、それも想定外に悪い偶然です。人びとがそうあってほしいと期待した方向に歴史は進まないというのです。なにも人類の歴史がすべてそうだというのではありません。これから語ろうとする、夜郎自大で不相応に「大いなる夢想」を追い求めた昭和前半の日本がたどった歴史においては非情なほどに、とあらかじめ釘をさしているのです。

開国して半世紀以上が過ぎた二十世紀となれば、資源を〝持たざる〟小さなアジアの島国がすべてを自国だけで完結するのは無理というもので、国の進路は欧米列強の動きに左右されざるを得ませんでした。しかしそれだけではなかったのです。昭和の幕開けとほぼ同時に、スターリンとヒトラーという「二人の非人間的で極悪な指導者」がその姿を世界史に登場させてきたという、とんでもない〝偶然〟があったのです。彼らの動きが、さまざまなかたちで昭和日本を翻弄し悲劇を導きます。そのなりゆきを、著者は特別の感情をこめて「〝昭和の日本〟を心からかわいそうであったと思う」といいます。この「可哀想な昭和史」は、本書のもう一つのキーワードでもありましょう。それをもたらした悪夢のような偶然が、本書の幕開けでもあると告げているのです。やがて、大きな歴史の流れのなかでその偶然は歴史的必然であったことが納得されていきます。読み進めながら「あれ？」と感じたらその都度、ここに短く書かれたことを思い返してみてください。すると世界史のなかの昭和日本がより鮮明にみえてくる、そんなプロローグなのです。

第一話は、のちの昭和天皇、裕仁親王が摂政であった大正末期の世界情勢が描かれます。ソ連ではスターリンが表舞台に登場し、ドイツではヒトラーが勢力をのばしはじめています。アメリカでは「排日移民法」が制定され日本に反米感情の下地ができつつありました。

まずはソ連の動きです。一九一七年に世界初の社会主義革命であるロシア革命によってソビエト政権が樹立しましたが、指導者レーニンが一九二四年に亡くなります。その後、トロツキーを追い落とすかたちでスターリンが政権へと少しずつ近づいてゆくさまが描かれます。レーニンの葬儀で棺の担い手となり、周囲を当惑させる行為を強行するという不気味な登場の仕方も印象的ですが、ここで注目すべきはスターリンの人物描写です。芽を出す前に摘み取られぬための〝芸〟であったか、「二流の人物とみられていることで（中略）権力への階段を登るための最大の危機を乗り切ることに成功した」というのです。また「全人格が政治的動物といっていい人物」「相手の出てくる先を読んで、それを凌駕する手を素早く打つことを特技としていた」と性格や思考回路の分析によって権力の座にのぼりつめていく過程に説得力が増すにつれ、「スターリン時代のはじまりと、昭和の幕あけが時を合わせているのかと。（中略）やっぱり歴史とは皮肉なものよ」という著者の言葉が重く響きます。

次にドイツです。ここでもヒトラーの人物描写がまことに興味深くなされます。自身の才能を自覚していた彼は、「対話はやや苦手だが、演説という長所が俺にはある。その長所をより伸ばそうと、鏡の前で身振りや言い回しをくり返して練習しつづけた」――未来の独裁者のなまの姿や表情が鮮やかに想像されます。その心のうちはというと、「信仰などまったくもたず、道義や義理人情にも関心がない。その人生の目的といえば、権謀術数の渦巻くなかで、人をおしのけて権力を獲得する、そのことに生き甲斐を見出している人物」というのです。このあと彼がやろうとしたこと、実際にやったことを照らし合わせれば、私たちはどういう人間をリーダーにおいてはいけないか、ここだけでも十分な教訓となりえます。やがてヒトラーは自己のイメージを拡張させつづけ、「おのれこそ（第一次世界大戦の）敗戦国ドイツの救世主」という思い込みを肥大化させていきました。

その著書『わが闘争』で、彼はこう主張します、「有効なプロパガンダとは、少数のステロ的な文句でいいから、たえず反覆して大衆の脳裡に深く刻みこまねばならぬ」――似たようなことを戦時日本の指導部がスローガン連発のかたちで行なったのは『戦争の時代』でみてきました。しかしヒトラーは大衆の「心情の扉を開く鍵」を知っていたようです。そして「力に裏づけられた決意」によって、国民の心をつかんでいったのです。

さらに驚くのは、そのヒトラーが理念と使命を語った〝悪魔の書〟『わが闘争』は一九二六年、ちょうど昭和がはじまる年に刊行されたということ。ノーベル賞作家アナトール・フランスの「偶然とはひっきょう神のことになる」という言葉を引いて、この後ヒトラーに振り回される昭和史を思うと単なる偶然ではすまされない、神の配剤かと著者は今さらのように戦慄しています。はからずも、これからはじまる悲劇に相応しいマクラではあります。

大正末の日本では、天皇の健康問題から裕仁親王が大正十年、摂政に就任します。しかし実態はというと、「天皇は存在するが存在しない」国家であり、「大元帥は存在するが存在しない」軍隊であり、そこに「少壮のエリート将校たちの暗躍の許される素地がそなわっていた」と著者は推測します。実際、陸軍エリートたちが今後を見すえて暗躍をはじめていました。同年、彼らがドイツのミュンヘン郊外で密かに集まった「バーデンバーデンの密約」で話し合われたのは、世界各国が軍制改革や新兵器開発など軍備を充実させており、これからの戦いは国家総力戦になる。ドイツがいい例で世論の動向が戦勢に大いに影響する、報道・情報・宣伝が総力戦の鍵を握る……など今後の課題や懸念でした。これを著者は、近代日本の最初のパワー・エリート集団「昭和の軍閥」が第一歩を踏み出していた表われと考えます。日本で軍部がどんどんのしてゆくスタートをここにみることができる、というわけです。

ではアメリカはどうか。昭和に入る少し前の一九二四年に「排日移民法」という強硬な政策をとり、日本人移民の入国を完全に禁じました。日露戦争に勝って満洲経営に手を伸ばす日本を狙い撃ちにしてきたと、国内での反米感情は高まらざるを得ませんでした。これがゆくゆくは対米戦争の遠因となります。なぜなら人間の心のなかで一度悪化した感情は、根っこに巣食って容易には払拭されないからです。

第二話（昭和五～八年）は、日本が満洲事変をきっかけに大陸へ力をのばしてゆく道程、それと並行する世界列強の動きをたどります。アメリカではルーズベルト大統領が就任して「立役者」がそろいます。

昭和史の諸条件は常に満洲問題と絡んで起こる、その後の大小の事件の積み重ねの果てに太平洋戦争がはじまった――『戦争の時代』でも著者が強調してきたことです。その点をより世界史的に理解するためには、さかのぼって日本軍部がなぜ満洲の軍閥・張作霖を爆殺することになったかを考える必要があります。ということはその前提として、第一次世界大戦後の中国における世界列強の勢力図をつかんでおかねばなりません。そうすることではじめて、事件が日本に何をもたらしたかが見えてくるからです。

一九一一年、辛亥革命で清が滅びたものの国が統一されないまま孫文が亡くなった中国では、各地に軍閥が割拠して千々に乱れていました。そこで国家統一を目指す蔣介石が大正末年、軍閥を打倒せんと北伐に出ます。背景にあるのはナショナリズムの高揚で、それは同時に、第一次大戦で欧米列強の目がアジアから離れたのをいいことに対華二十一カ条の要求などで中国への圧力を強め、満洲にまで乗り出そうとする日本への反発の高まりでもありました。欧米に向ける以上に日本に猛烈な怒りを集中させたのですが、そんな中国人の感情に日本は鈍感であったと著者は推測しています。ここで指摘されるのは、日本と欧米の植民地政策の違いです。日本はまず人間を現地に送ることが多いため、摩擦は人間同士の争いとなり、ケンカが殺害に及びがちでした。感情的ないざこざは後を引きます。また上下関係があるためでしょう、厄介なことに相手への蔑視や自国優越感を高めてしまうのです。

第一次大戦後は、中国で勢力を分け合っていた各国ともに戦闘の後遺症など自国の整備が急務となり、覇気がなくなります。勢いがよかったのはアメリカのみで、大正九年に発足した世界初の平和機構である国際連盟も、米大統領ウィルソンの主唱によるものでした。彼が演説で語った言葉に著者は感銘を受けたといいます。

「勝者なき平和でなければならない。勝者も敗者もない平和だけが長続きするのだ」

この後の世界を思えば空しくなりますが、今なお示唆的な言葉です。アメリカは以後、世界の総生産高の三分の一を占めるまでに繁栄し、新しい世界秩序の形成へと率先して乗り出していきます。歴史にイフはないと言いながら、著者は「もしもこの〝持てる国〟アメリカの繁栄がグローバル的にさらに大きな影響をもたらしつつ、より長期間にわたってつづいたならば「強圧的な全体主義勢力すなわちスターリンのソ連とヒトラーのナチス・ドイツの強力化を、あるいは押し戻すことができたのではないか」と夢想せざるを得ません。

　しかし、です。やがてウォール街の株大暴落に端を発する世界的な大恐慌で、アメリカは国内優先の保護政策へと一気に方針転換してしまいます。渦中にいれば気づきにくいのですが、これが「時代の節目」でした。著者は「きっと大したことにはならないはずだ」と主観的・希望観測的に解釈してしまう人間の根底的な心理的特性を指摘しています。今も身近で、あるいは世界のどこかで何らかの「節目」が渦中かもしれません。著者が振り返るのは、近年、「change」をスローガンとしたオバマ政権をくつがえして強烈な保護主義を掲げたトランプ政権です。安易なアナロジー化は危険だとしても、歴史を知ることはさまざまな仮定や想像を可能にします。未来の悲劇に備えるのに役立たないはずはないのです。トランプ政権に便乗したのか否か、その後、各国で保護主義を掲げるリーダーが勢いを得たのも事実です。歴史をヒントにして世の中をよくない方向へ導くことも可能なわけで、切れのいい庖丁で人を傷つけるか、美味しい料理を作るかは、その時その人次第ということになります。

　世界恐慌を受けてアメリカが欧米間の相互不干渉、いわゆるモンロー主義に転じると、これを好機とみたのが日本陸軍でした。満蒙を武力で確保するには、世界の列強が自国に集中している今だ、というわけで昭和六年、満洲事変を起こします。このあたりは『戦争の時代』でも語られていますが、ここでは年が明けて陸軍が国際社会の目を満洲からそらすために仕組んだ上海事変の世界史的な意味について注視が促されています。なぜなら、「戦火が上海に揚がったということは満洲の曠野でのそれとは異なる反響を世界の列強に与えたからです」。列強の中国における権益の八割方が集中していた上海での戦火は、他の場所とはわけが違ったのです。とりわけ租界や多くの居留民をおくアメリカとイギリスに与えた刺戟は大きく、対日態度に響かざるを得ませんでした。

相手に嫌われるとこちらも相手を敵視してしまうもので、日本国内でもいったん影を潜めた「排日移民法」の際の反米感情が復活し、〝持てる大国〟への危機感が芽生えます。するとそれを煽るような「日米もし戦わば」を主題とした出版物が山ほど出ます。今も、日本と韓国や中国の仲がこじれると嫌韓・嫌中本が書店の棚を賑わしますね。幸い、このときの日米危機はお互い鞘をおさめて去りましたが、「(反米感情の)ウイルスはそこで死に絶えたわけではなく、日本人の心奥に潜在的に生き残ったといえる」。一時的であれ熱狂的になることの恐ろしさは何べん警告しても足りない、そんな著者の思いのあらわれでしょう。

ここで必要かどうかは別にして、嬉々として(?)馬占山の話題が挿入されています。馬賊出身で、黒龍江省軍の勇猛無比の旅長として名をとどろかせた人物です。親分にあたる張学良が日本軍の進攻を無抵抗で許したときも、一人屈せず執拗に抵抗をつづけたそうです。写真でみるように、意志の強さを口ひげ面の内に秘め、どこか孤高で無頼なたたずまい。幼い頃に記憶に刻んだ「満洲のナポレオン」を懐かしみ、写真を指差しながら遠い目をしていた著者を思い出します。歴史上、自分のアンテナに不思議とひっかかる人物や出来事に出会うと、周辺にも興味がわいてがぜん面白くなるものです。敵もあっぱれ、伝説となった馬占山をつづる著者の筆の躍動は、一人の人物がもつ大きな力にも思いを誘います。

日本は満洲国を独立させることに成功します。そして自国の力を過信するにつれて、「世界各国の潜在国力を見くびるようになって」いきました。

昭和八年一月、とうとうヒトラーが政権の頂点にたちます。前年に第一党となったナチスの総統として、内閣不信により首相の座も勝ち取ったのです。この昭和八年を「歴史の分岐点」と著者がいうのは理由があります。「ヒトラーの権力把握から学ばねばならない歴史の教訓ははっきりしている」として著者が最大限に強調するのは、彼が「民主主義のプロセスを踏んで政権を握った」こと、また「選挙という民主主義の形式にのっとってひとたび権力を手にしたならば、その民主主義的手段によって決して権力者はその権力を手放すことはない、という事実」です。この〝民主主義の危うさ〟は私たちへの大きな警鐘でしょう。

政権を手にしたヒトラーはイメージ戦略にも大いに長けていました。やたらと世間に姿を露出して、得意の演説で獅子吼するのです。ナチスの宣伝相ゲッペルスは「活字より音声、理屈よりは印象、思考よりも気分が優先される」といったとか。政治は政策の優劣だけでは測れません。たとえすぐれた策がきちんと遂行されても、民がついてこなければ有効に働くとは限らないからです。「政治とはイメージ操作だな、とつくづく思わせられます」とつぶやく著者は、ヒトラーが国会議事堂放火事件も利用して閣議決定で法律を速成し、アッという間に民主政治を破壊させる仕組みをつくってしまった一件も、現代の日本と重ね合わせています。当時の著者は、国民そっちのけの閣議決定で国にとって大事な法制定が決められていくことを大いに憂慮していました。十分に議論を尽くす前に新法ができて強引に時代の空気を変えていく、そんな手法を政治家たちは「歴史に学んだ」のではないかと。

同じ昭和八年二月、日本は国際的に問題視されていた満洲経営へのリットン調査団の報告を受け入れず、国際連盟を脱退します。新聞報道を鵜呑みにした国民は日本を〝被害者〟と信じ、加害者である世界に悪感情を抱きました。

一方アメリカでは同年、ルーズベルトが大統領に就任するや、ニューディール政策を掲げて文字通り「新規まき直し」の政策を次々と打ち出していきました。イギリスではチャーチル議員の存在が重みを増していました。世界で時代の立役者がそろったあたりで、日本はといえば、やはり国際連盟を半年後に脱退したドイツと「世界の孤児」同士、急接近するという悲劇への道を歩みはじめていました。

第三話（昭和九～十二年）は、日独防共協定の調印で日本は見通しも甘く増上慢になっていきます。そして「こんなはずじゃなかった」と後の祭りを嘆く日中戦争へと踏み出します。そうなるまでに日本は世界にどう動かされたのでしょう。

ドイツでは、ナチス政権を脅かす可能性が少しでもある個人や組織、いや「ヒトラーにとって生きていては邪魔で危険な人物と思われたものはこのさいすべて」が「合法的殺人という名の恐るべき暗殺」の犠牲となり、「国家が大量虐殺を公然と、かつ大胆不敵に行った」結果、千人超が殺害され、ヒトラーの天下が着実に進んでいました。著者はこの「稀にみる狂的な独裁者」の人間性、性格や心理面への関心をたびたび示し、分析を試みてもいます。日本でもたとえば織田信長のような強烈な個性をもった人物が世の中を動かしましたが、ヒトラーはその比ではありません。数々のおぞましい言動で世界を揺さぶったのです。さらに、その総統を当時のドイツ国民の約九〇パーセントが支持し、総統兼首相に就任させたとは……。歴史を考えることは人間を考えることにほかなりません。

ドイツだけではありません。ソ連では、ヒトラーに刺激をうけたのか、スターリンの「テロルによる粛清」という恐怖政治がはじまります。無作法に吐くツバの音を真似するオウムをスターリンが「神経にさわる」と愛用のパイプで頭を殴りつづけた逸話は、その残忍な性格を生々しく伝えて背筋を凍らせます。

ここにきて著者の疑問は、彼らのこれほどの残虐行為はすべて隠しおおせるものではないにもかかわらず、なぜ各国や国際連盟から非難を浴びなかったのか、という点です。恐慌以来、一九三〇年代の世界が「自国ファースト」の空気となっていて、「見ざる聞かざる言わざる」の風潮を広げていたのではないかとの指摘は、やはり執筆時のトランプ政権が影を落とすかたちで、そのまま現代への警告として語られています。

ではその頃の日本はどうであったか。簡単にいえば、陸海軍がそれぞれ内部分裂した結果、陸軍では「中国一撃論（統制派）」が、海軍では対米英強硬派（艦隊派）が勢力を強めていました。そしてヒトラーやスターリンという恐るべき「人間像やその人物が及ぼす究極の影響について、それほど関心がもたれていなかった」ため、恐怖政治への研究はほとんどなされず、ヒトラー政権に接近しようとしたというのです。背景として挙げられるのは、日本でも五・一五事件はじめ要人が殺されるテロがさほど驚く事件ではなくなっていた空気です。慣れは人を鈍感にするからです。

そんなタイミングで一九三六年八月、大々的に開催されたのがベルリン・オリンピックでした。第一次大戦で中止された大会の代わりとして、前から決定していたものです。これを「世界に冠たれ」という伝統的ドイツ思想を世界に示す絶好の機会と考えたのがヒトラーでした。ほんの数カ月前、「劇的な行動こそおのれの威信と意志を示す」と国際条約を破ってフランス・ベルギーの国境沿いに要塞を建造しはじめ、不意を突かれた諸国が黙認するなか、ヒトラーが信念を一層強めた矢先です。オリンピックは国費を莫大に投入し、軍隊も動員して派手に催されました。なんというタイミングでしょう、この圧倒的な華々しさを胸に刻んだ日本がナチスにすり寄っていったのは約三カ月後でした。

同じ一九三六年、スペイン内戦にイギリスから当時三十三歳の作家オーウェルが参戦し、従軍体験を『カタロニア讃歌』に描きました。「この戦争では、世界中から二十代、三十代の若者たちが、だれに頼まれたわけでもないのに自発的に、その理想のために命を賭して外国の戦場へ赴いていくという事実があった、ということぐらいは心に銘じておいて欲しいのです」と著者はいいます。最近ではロシアのウクライナ侵攻において、外国人の志願兵がウクライナに赴いた事例が報道されていました。自国であれ他国であれ、若者でなくとも人が戦地に赴き戦いに加わることに手放しで賛成はできません。ただ志願兵となる人の「理想」には、「平和のため」という切実な願いがあり、どうしようもなく行動を起こさせるのだろうということは想像できます。人生意気に感ず、の精神を重んじた半藤さんらしい言葉ですが、皆さんはどう受けとめるでしょうか。

またスペイン内戦への怒りはピカソの大作「ゲルニカ」を生みました。かつてニューヨーク近代美術館でその大画面を前にした著者は、いやでも自身が体験した東京大空襲を想い出さざるを得なかったようです。悲惨な戦争は、それゆえに人の心を揺さぶる数々の文学や芸術を生んできました。複雑な気持ちにならざるを得ません。

さて、このところのソ連の拡大主義の野望を黙認しているわけにはいかない、と思案をはじめたヒトラーの内面がまた描写されます。なんとかせねば、とふとアジアを見れば、ソ連に対抗できる唯一の強国として、にわかに日本が視野に入ってきました。そういえばベルリン五輪の開会入場式で、日本選手団は「整然と隊列を組んでナチス・スタイルで開いた手を横にだし、われらが総統に礼儀正しく敬礼して行進していった。それがドイツ観衆を大喜びさせた」ではないか。ヒトラーは急速に日本に興味をもちはじめます――日本は独裁者に目をつけられたわけです。しかし陸軍はその視線を大いに喜び、ほどなく日独防共協定の調印につながりました。このときの日本の読みの甘さ、増上慢が危うい気運をもたらします。

「国際連盟から脱退した二つの大国がしっかりと結びついたというのがそもそもの問題」と著者がいう理由は、後の首相で外交に詳しい幣原喜重郎が語ったごとく、相手国が一つで済むわけでなく、相手国と結びついた国とも戦わねばならない、その延長上で戦いは拡大する、つまり防共はやがて軍事同盟につながる、それが協定というものだからです。実際に二国間の防共協定は日独伊三国同盟へと進み、「太平洋戦争への導火線に火をつけ」ました。やはり最初が肝心、大きな決断はよほど先を予測してかからないと悲劇の種となるのです。

このころ中国では、国民党と共産党の協力体制「国共合作」が成ります。その前に張学良が蔣介石を監禁した西安事件が重要な意味をもつことは『戦争の時代』でも学びましたが、ここでは事件解決におけるスターリンの戦略がクローズアップされて興味を引きます。大陸に勢力をのばそうとする日本の脅威をのぞくため、スターリンにすれば中国が内部抗争に明け暮れていては困る。一致団結して抗日に動いてほしい、そこで毛沢東を説いてソ連に不信感を抱く蔣介石を説得させるよう導いた、と。この戦略もスターリンの猜疑心に端を発していると考えるところが著者らしいのですが、何にせよ国共合作は成立しました。日本はうかうかしていられません。案の定、まもなく盧溝橋の一発から日中戦争がはじまるのです。

第四話（昭和十二〜十三年）、満洲事変が日中戦争へと進み、南へと拡大していったことの意味は、日本が中国だけでなく世界を敵とすることでした。

冒頭から「歴史の教訓」として述べられるのは、盧溝橋事件に端を発し、不拡大方針も蹴飛ばしてあれよという間にドロ沼化していった日中戦争は、実は日本にとってしなくてもいい、起こったからには早期に停戦すべき、いってみれば余計な戦争であった点です。その根っこに日本の指導部の「中国人にたいする無理解そして侮蔑があった」とすれば、古今東西を問わず、差別が人間の哀しい性であることを痛感させられます。

盧溝橋事件の翌月、戦火は南へ、上海にまで拡大しました。戦闘を仕掛けたのは日本ではなく、国民党軍の正規兵が日本兵を射殺したことがきっかけでした。ここで著者が驚きとともに紹介するのがスターリンの謀略説です。北京や天津を陥落させるなど日本が北方で戦果をあげていることを憂慮したスターリンが、「ソ連極東の国境線から遠く離れた中国南方に戦場を移そうと画策した」、つまり国民党軍にソ連のスパイを配置して日中を戦闘に仕向けたというのです。日本の大陸侵攻の鉾先を南へと向けさせ、戦場が南方へ移るほどソ連は安心できるからです。謀略や陰謀説に距離をおいていた著者ですが、なるほどこの説は可能性ありとみたようです。なぜなら「狡猾と猜疑心のかたまり」のスターリンが懲りずに血の粛清を進めて自国の軍隊まで弱体化させたため、ここで日本軍を遠ざけ時間稼ぎをして軍隊の再建をしたかった——とかきながら著者は、暴君スターリンの言行と「もの静かな熟考型叡知の持ち主」という一般の受けとめのギャップにため息をもらします。このような人物が昭和日本や世界を動かしたとは、ふたたび「可哀想な昭和史」の言葉が思い起こされます。

米英独はどういう動きをみせたのか。イギリスもアメリカも火中の栗をわざわざ拾うよりどちらかというと静観の態度でしたが、ドイツはなんと、蔣介石からの要請でヒトラーが政権を握る前から軍事顧問団を中国に派遣していたとのこと。希少金属の提供などを見返りに国民政府軍の近代化に協力し、過去には共産党軍とも対抗し、上海事変においてはドイツ人教官が作戦を練って戦闘に参加したといいます。日本軍がその事実を知ったのは、甚大な被害を出した戦闘の後でした。日本は中国というより、防共協定を結んで一年も経たないドイツ相手に戦っていたようなもので、さすがにドイツへの不信感を抱く日本軍の参謀もいたとか。国際関係とはじつにややこしく、目まぐるしく、うまく乗り切ってゆくには相当に強靭な神経を要します。もしかしたら狂信的な人間ほど一面無神経で、かえって図太く動き回れるのかという思いさえよぎります。

さて「そこから歴史の流れが急転回してくる」とは何事か。中国から軍事顧問団を引き揚げるよう要請する日本に、ヒトラーは困惑します。そこに登場したのが後の外相リッベントロップで、「戦闘は日本有利」との予測を甘い言葉で吹き込むと、ヒトラーはころりと態度を変え、日本に味方するかたちで和平仲介に乗り出します。かたや日本は、対中戦争遂行のための大本営を設置するなど、明らかに内部で意見が一致していません。そうするうちに、駐中国ドイツ大使トラウトマンの調停で蔣介石が日本側の和平提案を受け入れたにもかかわらず、またもや「歴史の皮肉」を嘆く事態となります。上海で勝利した日本は「首都南京を攻略すれば戦闘は終結する」と勢いが止まらなくなり、せっかくのドイツ仲介にも「情況が変わってきた」と和平の条件を釣り上げたのです。法外な条件となり、仲介は頓挫します。日本は停戦の絶好のチャンスを逃し、国際的に「日本はまったく信用できない」との印象を強める結果となりました。「このときドイツ仲介で何とか講和にたどりつければ、昭和史はずっと明るいものとなったであろうと、惜しいことであった」という著者の嘆きは、「指導者が聡明でないことは、民草にとっては不幸この上ないことと、心からそう思う」と結ばれます。

ところで、日本軍が「世界史的にもナチス・ドイツのユダヤ人虐殺と並べて特筆される」南京大虐殺を行なっていたのとちょうど同じころ、昭和十二年十二月に日本海軍航空隊が揚子江（長江）で米砲艦をあやまって撃沈した「パネー号事件」について、ここで詳しく述べられています。日米間が一触即発の危機に陥った深刻な事態をいかにして乗り切ったか、大いに学ぶところがあるからです。事実は、南京を脱出して上流へ逃げようとする中国軍と勘違いして猛攻をかけた、明らかに日本軍の誤認爆撃でした。海軍も外務省もあわてふためき、広田弘毅外相が米大使館に赴いて非公式ながら陳謝します。しかし「このまま戦争へと移行するかもしれない重大危機」をもたらした日本にアメリカ国民は憤慨し、中立や静観の気分も吹き飛ぶ勢いです。おまけにルーズベルト大統領がそもそも激しい反日感情の持ち主――ナチス・ドイツと日本帝国を一緒くたにしてファシスト呼ばわりし、不法の伝染病が広がれば二つの隔離すべき国である、といういわゆる「隔離演説」をふた月前に行なったばかり――のため、日本は何とかして対立の激化をさけようと、裏でもさまざまな努力がなされます。そこで当時の駐米大使、斎藤博が外務省でも指折りの対米協調外交論者であったのが幸いしました。アメリカ人をよく知る彼の謝罪が迅速かつ見事だったのです。

「日米協調のためには火中に身を投じるも辞さない心意気のある」斎藤は、事件を聞くや、外相からの訓令が届く前に即座に動きます。自らの判断により、全米中継ラジオ放送で、「いかなる犠牲を払っても、日本政府は今回のお詫びをしたい」「二度と、再び、日本の軍隊が間違ったことをしないように日本政府は、陸海軍を厳しく監督する」と三分五十二秒間にわたり切々と謝罪を述べたのです。石川啄木の〝働けど働けどなおわが暮し楽にならざりじっと手を見る〟をとり入れて日本が貧しい国であることを強調した演出も出色ながら、著者が強調するのは、この「あっぱれなあやまり方」が「本国政府からの訓令のとどく前に、というところに意味がある」ということです。上から言われて、ではなく、衷心が突き動かした行動は相手の胸に届きます。加えて海軍では、山本五十六中将が「ただ頭を下げるのみである」と率直な一言で内外の新聞記者に深々と頭を下げ、ただちに責任者を更迭しました。

これらが新聞に小さく報じられると、日本中から当時は大金の三万円超が集まり、大勢の人がアメリカ大使館を訪れて陳謝し、全国の小学校から送られてくるお詫びの手紙がグルー大使を驚かせたといいます。こうして事件は約二週間後、賠償金二百二十一万ドルの支払いで解決、日本は崖っぷちの危機を回避することができました。

非があった場合は即、謝る。限られた時間でも手を抜かず、相手の心情を慮って誠心誠意の謝罪をする。山本五十六も斎藤大使も著者が卒業した新潟県長岡中学の先輩ですから贔屓する気持ちは差し引いても、人間の器量を考えるうえでも記憶の片隅に置いておきたい一件です。もっとも、再々燃したアメリカ国民の反日感情は、またいつ噴き出すともしれぬ状態でくすぶりつづけるのですが。

一方、ヨーロッパではヒトラーがあえて戦争を辞せずの決断を明らかにします。「ドイツの生活圏を拡大するため積極的領土拡張の開始の時期がいまや到来した」と。『わが闘争』で「民族の消長は、互いの人種的優越性を競い合う闘争の結果である」とおそろしいことを堂々と主張していたヒトラーは、昭和十三年、「今ならできる」というタイミングを逃さず「電撃作戦」といわれた早業でオーストリアからチェコへ、攻撃を東へと実行に移していったのです。ドイツ内では世界大戦に発展する危険を案じて反対を唱える幹部もいましたが、やはり粛清されました。「人間の常識あるいは良識というものは、澆季末世にあっては自滅するもの、それが非情の歴史的事実といっていいようです」。そのドイツから、満洲国を新国家として承認するなど好意を寄せられた日本では、親独派の指導者たちが鼻を高くしています。いずれポーランドを手中におさめたあかつきには東からソ連への攻撃を強要させるというドイツの密かな狙いを知る由もなく……。

ここでなんとも残念なことは、英仏独伊の首脳が集まったミュンヘン会談で、ヒトラーのあたかも平和的解決を望んでいるかのような演説を信じたのか、イギリスとフランスが、チェコとドイツの国境、ズデーテン地方のドイツへの帰属を許したことです。明らかにドイツの策略に乗せられた失態で、大きな禍根を残します。著者は「歴史の怖さ」を象徴する出来事と述べますが、当事者たちは渦中にいるがゆえに失敗に気づけなかったのでしょう。

日本軍は漢口への攻略作戦に踏み切り、絶好の停戦の機会を逃したあとの日中戦争はますます拡大していきました。国内では、ナチス・ドイツの年長組織「ヒトラー・ユーゲント」が来日し、整然と鍛えられた雄姿で著者を含む少国民を圧倒しました。さらにオットー駐日大使の「宣伝とは単純化の技術である」という巧みな広報により、日本人はドイツ贔屓に傾きます。着々と素地は整い、下巻では「歴史の怖さ」が炸裂します。

＊

半藤さんは「歴史探偵」を自称し、著作のタイトルにもよく用いました。探偵を名乗るようになったきっかけは、編集者になったばかりの頃に出会った作家・坂口安吾さんの影響です。群馬県の家に原稿をもらいに行き、書けていないからと一週間泊まり込むうちに、探偵的に歴史を洞察する手法を伝授されたのです。ようは従来の見方にとらわれず疑問に思った点を洗い直して冷静に判断すること、でした。また昭和史にのめりこんだのは、元海軍記者の作家・伊藤正徳さんとの出会いからです。編集者として連載を手伝うなかで、まだ生きていた大勢の旧軍人に取材をする機会を得ました。話を聞いても自分に知識がないとごまかされる、そこで勉強を積み重ねるなかで、少年時代の戦争体験も後押ししたのでしょう、当時は見向きもされていなかった昭和史の面白さに気づいたのです。いずれも人との出会いが人生を変えることを教えてくれますが、「奮闘努力」を有言実行していた半藤さんの勉強熱心を思い起こせば、出会いの縁を生かせるか否かは自分次第、ということでしょう。

最後に一つお勧めを。歴史に関心をもったなら、研究書や参考書でさらに学びを深めるのもよいことですが（半藤さんの膨大な著作もお勧めです）、戦争や戦後を描いた内外の小説に挑戦してみてはどうでしょうか。オーウェルの『カタロニア讃歌』の話が出てきましたが、小説は決して年表に書かれない、たとえば出征兵士や銃後の家族の人生、喜怒哀楽やその変遷といった、見えない「心の真実」まで描きます。誰しも一人ひとりに人生という世界が広がっていることに想像が膨らむと、歴史の主人公である人間がむくむくと立ち上がってきます。また、作者が史実をどう解釈し表現したかを知ることは、新たな価値観との出会いです。「人間いかに生くべきか」を問うのが文学だと半藤さんは語っていました。もう一歩を踏み出すことで、歴史が人間学になる瞬間に立ち会えることと思います。

関連年表

元号（西暦）	首相	日本のできごと	世界のできごと
大　正			
大正三（一九一四）	大隈重信	第一次世界大戦起こる（〜七）	
四（一九一五）		対華二十一カ条の要求を出す	
六（一九一七）	寺内正毅		ロシア革命
七（一九一八）		シベリア出兵（〜十一）	ウィルソン米大統領の休戦条件をいれ大戦終結／ドイツ皇帝ヴィルヘルム二世、オランダへ亡命
八（一九一九）	原敬		中国で五・四運動／パリ講和会議でヴェルサイユ条約調印／ヒトラーがナチスの前身ＤＡＰ入党
九（一九二〇）			国際連盟発足／尼港事件
十（一九二一）		陸軍士官学校の「三羽烏」がバーデンバーデンで密約／裕仁親王が摂政となる	ヒトラーがナチス党首となる／アメリカでハーディングが大統領就任、景気回復へ
十一（一九二二）	高橋是清	ワシントン海軍軍縮条約調印、日英同盟廃棄	スターリンがロシア共産党書記長となる
十二（一九二三）	加藤友三郎 山本権兵衛（第二次）	関東大震災／朝鮮人虐殺事件／亀戸事件／虎ノ門事件	フランス軍がドイツのルール地方を不法占拠。対するナチスのクーデタは失敗、ヒトラーは逮捕される
十三（一九二四）	清浦奎吾	日本共産党解党	レーニン死去／アメリカが排日移民法制定
十四（一九二五）	加藤高明	治安維持法公布／日ソ復交のための条約調印	ヒトラー『わが闘争』刊行開始、翌年全巻刊行

大正	十五（一九二六）	若槻礼次郎	12月25日、大正天皇が亡くなる	蒋介石が国民革命軍総司令となり北伐開始
昭和	昭和元（同）		皇太子裕仁親王が第百二十四代天皇に即位して、昭和改元	レーニンの「遺書」が公表され、スターリン時代幕開け
	昭和三（一九二八）	田中義一	張作霖爆殺事件（満洲某重大事件）／パリ不戦条約調印／石原莞爾が関東軍赴任、「満蒙問題」に関して次々提案	ソ連「一国社会主義」の旗をかかげスターリンが国力回復五カ年計画にいそしむ
	四（一九二九）	浜口雄幸	映画『大学は出たけれど』封切、流行語となる	中ソ紛争／ウォール街株式市場が大暴落
	五（一九三〇）		ロンドン海軍軍縮条約調印	
	六（一九三一）	若槻礼次郎（第二次）	中村震太郎大尉、中国軍に虐殺される／満洲で万宝山事件起こる／満洲事変（柳条湖事件）起こる／チチハル占領	
	七（一九三二）	犬養毅 斎藤実	錦州占領／山海関に進出／上海事変／井上準之助、団琢磨暗殺（血盟団事件）／満洲国建国／上海事変停戦調印／五・一五事件／愛郷塾が東京の変電所を襲う／リットン調査団報告、国際連盟が日本の満洲からの撤退勧告	グルーが駐日米大使として赴任／ナチスがドイツ第一党に
	八（一九三三）		小林多喜二の死／国際連盟脱退、世界の孤児となり「栄光ある孤立」へ／関東地方防空大演習行われる／海軍	ヒトラーが首相に任命され政権を握る／スターリンが第二次五カ年計画に着手／米ルーズベルト大統領就任、

昭和			
		から良識派が去りはじめる／皇太子、のちの明仁天皇誕生	ニューディール政策に着手／ベルリンで国会議事堂炎上事件やナチスによる焚書起こる／ドイツが国際連盟脱退／アメリカが共産主義国家ソ連を正式承認
九(一九三四)	岡田啓介	林銑十郎が陸相、永田鉄山が軍務局長になり陸軍強化／溥儀、正式に満洲国皇帝となる／陸軍パンフレットが頒布される／超大戦艦建造の命令が軍令部から建艦部に出される／ワシントン軍縮条約廃棄決定	ヒトラーによる「血の粛清」、のち親衛隊を独立させナチス党内機関とする／ヒンデンブルク大統領の死によりヒトラーが「総統兼首相」に／ソ連でスターリンの恐怖政治はじまる
十(一九三五)		天皇機関説問題起きる／国体明徴声明発表／永田鉄山暗殺(相沢事件)	ヒトラー再軍備宣言、空軍創設
十一(一九三六)	広田弘毅	ロンドン軍縮条約から脱退／二・二六事件／「大日本帝国」の呼称決定／軍部大臣現役武官制復活／不穏文書臨時取締法制定／日独防共協定がベルリンで締結	ドイツ陸軍がラインラント進駐／ベルリンでオリンピック開催／スペイン戦争起こる／西安事件により中国は抗日民族統一戦線へ
十二(一九三七)	林銑十郎 近衛文麿	盧溝橋事件をきっかけに、第二次上海事変、日中戦争はじまる／南京陥落／揚子江上で米砲艦パネー号撃沈	国民党軍が共産党軍本拠地の延安で民衆大会開催、国共合作協定／米ルーズベルト大統領がナチス・ドイツと日本に対する「隔離演説」
十三(一九三八)		トラウトマンの和平工作打ち切り／「国民政府を対手にせず」の近衛首相声明／国家総動員法成立／ヒトラ	ドイツでウランの核分裂実験成功／ドイツが満洲国を国家として承認／ドイツ、オーストリアを併合／ソ連

昭和			
		ー・ユーゲント使節団が訪日／漢口陥落で旗行列、提灯行列が続く／大本営設置「東亜新秩序声明」発表	国境で張鼓峰事件／ミュンヘン会談
十四（一九三九）	平沼騏一郎 阿部信行	三国同盟締結をめぐり五相会議が盛んに開かれる／零戦が誕生／国民精神総動員委員会が設置され「生活刷新」を推進／満蒙開拓青少年義勇軍計画の発表／「青少年学徒に賜わりたる勅語」発表／ノモンハン事件／アメリカが日米通商航海条約廃棄を通告する／天津事件で日本は英仏租界を隔離、反英運動盛んに／山本五十六が連合艦隊司令長官に赴任、海軍中央を去る／「創氏改名」（朝鮮戸籍令改正）	ドイツがプラハ進駐、不可侵条約廃棄をポーランドに通告／アメリカでニューヨーク万博開催／ヒトラーがムッソリーニと軍事同盟の「鋼鉄協定」締結／スターリンがヒトラー宛ての手紙で独ソ不可侵条約を承諾、調印／アインシュタインが原爆製造に関してルーズベルトに手紙を送る／ドイツがポーランド侵攻、第二次世界大戦起こる／西部戦線で英仏とドイツの「まやかしの戦争」続く／フィンランドに侵攻したソ連軍は「冬戦争」で大苦戦
十五（一九四〇）	米内光政 近衛文麿（第二次）	陸軍中央部で南進論が盛んに／奢侈品等製造販売制限の七・七禁令発布／「バスに乗り遅れるな」「産めよ殖やせよ」と叫ばれる／ヒトラー特使シュターマー来日、松岡洋右らと会談／日本軍が北部仏印に武力進駐／アメリカが屑鉄の日本輸出禁止／日独伊三国同盟調印／ダンスホール閉鎖／皇紀二千六百年の大式	ドイツからの攻撃でノルウェー降伏／「黄色作戦」によりオランダ降伏、さらにブリュッセル陥落、またダンケルクの奇蹟で英軍がヨーロッパより撤退／パリ無血占領／イギリスは首相となったチャーチルのもと、ドイツからの本土防衛成功／アメリカが中国に五千万ドルの追加借款供与／ドイツ外相がベルリンでソ連外

昭和

十六（一九四一）

近衛文麿（第三次）

東条英機

典／ウォルシュ司教、ドラウト神父「日米国交打開策」を携え来日／海軍出師準備実施／大政翼賛会本部を東京會舘に設置／海軍国防政策委員会設置／洋紙配給統制規則公布

「戦陣訓」を全軍に発令／「大本営陸軍部会議」で大東亜長期戦争指導要綱採択／野村吉三郎大使がアメリカ赴任、「日米諒解案」作成／松岡外相訪欧、ヒトラーと会談、モスクワでスターリンと日ソ中立条約調印／アメリカが「日米諒解案」第一次、第二次修正案提示／第一回御前会議開かれる／アメリカが在米日本資産凍結／日本軍が南部仏印進駐／アメリカが対日石油輸出全面禁止を通告／第二回御前会議開かれる／関東軍特種大演習で満洲に兵力を集中／第三回御前会議で対米開戦決意／アメリカが甲乙案拒否、「ハル・ノート」届く／第四回御前会議開かれる／「ニイタカヤマノボレ」の開戦命令／マレー半島敵前上陸、真珠湾攻撃、太平洋戦争開戦／マレー沖海戦、イギリス東洋艦隊撃滅、香港攻略／

相と会談／ヒトラーがバルバロッサ作戦発令

ルーズベルトが「四つの自由」を国民に訴える／ドイツがユーゴスラヴィアとギリシャに侵攻、両国はまもなく降伏／ヒトラーがスターリンに書簡を送る？／ドイツがソ連に侵攻／イギリスがソ連との軍事協定調印／ルーズベルトとチャーチルが大西洋憲章発表／ヒトラーが「ユダヤ人迫害強化」を承認／ジューコフがレニングラード守備軍司令官に／ルーズベルトとスターリンが書簡往復／ヒトラーがタイフーン作戦開始／重慶の蔣介石にアメリカから電報届く／ソ連軍の大反撃でドイツ苦境に陥り総退却へ

昭和			超大戦艦大和竣工	
	十七(一九四二)		マニラ占領、シンガポール攻略／アメリカによる東京初空襲／日本文学報国会結成／ミッドウェー海戦で大敗	
	十八(一九四三)		ガダルカナル島奪取される／「撃ちてし止まむ」の決戦標語できる／山本五十六戦死／アッツ島玉砕／学徒出陣はじまる	ルーズベルトとチャーチルがカサブランカで会談／イタリア無条件降伏／カイロ会談
	十九(一九四四)	小磯国昭	インパール作戦惨敗／サイパン島陥落／学童疎開はじまる／神風特別攻撃隊初出撃／連合艦隊フィリピン沖でほぼ全滅	ノルマンディー上陸作戦開始
	二十(一九四五)	鈴木貫太郎 東久邇宮稔彦王	「本土決戦完遂基本要綱」決定／硫黄島での敗退／東京大空襲で下町が大被害／九州坊ノ岬沖で大和隊が壊滅／日ソ中立条約廃棄の通告／天皇倒れる／沖縄壊滅／義勇兵役法が議会通過、竹槍訓練盛んに／ソ連に和平交渉の仲介を願い出る／ポツダム宣言が日本に届く／広島・長崎に原爆投下／ソ連が満洲に侵攻／御前会議開かれポツダム宣言を受諾、終戦の詔書／マッカーサー来日、ミズーリ艦上での降伏文書調印	ヤルタ会談／ルーズベルト死去／ムッソリーニ銃殺。ヒトラー自殺、ドイツ降伏

参考文献

（日本）
宮内庁編『昭和天皇実録』全十八巻＋人名索引・年譜一冊（東京書籍・二〇一五〜二〇一九）
大本営陸軍部戦争指導班『機密戦争日誌 上下』（錦正社・一九九八）
日置英剛編『新国史大年表』第八巻（国書刊行会・二〇一二）
日本国際政治学会太平洋戦争原因研究部編著『太平洋戦争への道』（朝日新聞社・一九六二〜六三）

阿部良男『ヒトラー全記録――２０６４５日の軌跡』（柏書房・二〇〇一）
池田浩士『ファシズムと文学――ヒトラーを支えた作家たち』（白水社・一九七八）
伊藤隆・照沼康孝編、畑俊六著『続・現代史資料』４（みすず書房・一九八三）
大木毅『ドイツ軍事史――その虚像と実像』（作品社・二〇一六）
勝田龍夫『重臣たちの昭和史 上下』（文藝春秋・一九八一）
永井荷風『断腸亭日乗』全七巻（岩波書店・新版二〇〇一〜〇二）
秦郁彦『太平洋国際関係史――日米および日露危機の系譜 1900–1935』（福村出版・一九七二）
三宅正樹『スターリン、ヒトラーと日ソ独伊連合構想』（朝日新聞社・二〇〇七）
渡辺延志『虚妄の三国同盟――発掘・日米開戦前夜外交秘史』（岩波書店・二〇一三）

（海外・五十音順）
アゴスティ（アルド）『評伝スターリン』坂井信義訳（大月書店・一九八五）
エーベルレ（ヘンリク）・ウール（マティアス）編『ヒトラー・コード』高木玲訳（講談社・二〇〇六）
カーショー（イアン）『ヒトラー（下）1936–1945 天罰』石田勇治監修・福永美和子訳（白水社・二〇一六）
ガンサー（ジョン）『回想のルーズベルト 上下』清水俊二訳（六興出版社・一九五〇）

グデーリアン（ハインツ）『戦車に注目せよ――グデーリアン著作集』大木毅編訳（作品社・二〇一六）
グルー（ジョセフ・C）『滞日十年』石川欣一訳（毎日新聞社・一九四八）
シャーウッド（ロバート）『ルーズヴェルトとホプキンズ』村上光彦訳（みすず書房・一九五七）
シャイラー（ウィリアム・L）『第三帝国の興亡』全五巻・井上勇訳（東京創元社・一九六一）
シャイラー（ウイリアム）『ベルリン日記　1934–1940』大久保和郎・大島かおり訳（筑摩書房・一九七七）
ジューコフ（ゲ・カ）『ジューコフ元帥回想録――革命・大戦・平和』清川勇吉・相場正三久・大沢正訳（朝日新聞社・一九七〇）
ジョンジュ（アレクス・ド）『スターリン』中澤孝之訳（心交社・一九八九）
ジョンソン（ポール）『現代史　上』別宮貞徳訳（共同通信社・一九九二）
ストロング（アンナ・ルイス）『スターリン時代』大窪愿二訳（みすず書房・一九五七）
スナイダー（ティモシー）『ブラッドランド（上）――ヒトラーとスターリン　大虐殺の真実』布施由紀子訳（筑摩書房・二〇一五）
スラヴィンスキー（ボリス）『考証　日ソ中立条約――公開されたロシア外務省機密文書』高橋実・江沢和弘訳（岩波書店・一九九六）
ソ同盟外務省編『第二次世界大戦中の米英ソ秘密外交書簡　下巻　米ソ篇』川内唯彦・松本滋訳（大月書店・一九五七）
ゾンマー（テオ）『ナチスドイツと軍国日本――防共協定から三国同盟まで』金森誠也訳（時事通信社・一九六四）
ダーリン（デイビッド・J）『ソ連と極東　上下』直井武夫訳（法政大学出版局・一九五〇）
チャーチル（ウインストン）『第二次大戦回顧録』毎日新聞翻訳委員会訳（毎日新聞社・一九四九）
チャーチル（ウインストン）『血と涙と』中野忠夫訳（新潮社・一九五八）
ドイッチャー（アイザック）『スターリン　ＩⅡ』上原和夫訳（みすず書房・一九六三）
トルストイ（ニコライ）『スターリン――その謀略の内幕』新井康三郎訳（読売新聞社・一九八四）
バトラー（スーザン）『ローズヴェルトとスターリン　上――テヘラン・ヤルタ会談と戦後構想』松本幸重訳（白水社・二〇一七）
ハル（コーデル）『回想録』朝日新聞社訳（朝日新聞社・一九四九）

ビーヴァー（アントニー）『第二次世界大戦 1939-45 上』平賀秀明訳（白水社・二〇一五）
ファイス（ハーバート）『第二次世界大戦 真珠湾への道』大窪愿二訳（みすず書房・一九五六）
フェスト（ヨアヒム）『ヒトラー 上下』赤羽龍夫・関楠生・永井清彦・佐瀬昌盛訳（河出書房新社・一九七五）
ホーファー（ワルター）『ナチス・ドキュメント——1933-1945年』救仁郷繁訳（論争社・一九六〇）
ワース（アレグザンダー）『戦うソヴェト・ロシア〈第1〉』中島博・壁勝弘訳（みすず書房・一九六七）

満洲国建国 まんしゅうこくけんこく 72-74, 145
満洲事変 まんしゅうじへん 7, 37, 62-64, 71, 78, 92, 144, 150, 157-158, 199, 232, 235, 242
満洲某重大事件 まんしゅうぼうじゅうだいじけん ⇒**張作霖爆殺事件** ちょうさくりんばくさつじけん
ミュンヘン一揆 ミュンヘンいっき 24, 80, 104
ミュンヘン会談 ミュンヘンかいだん 208, 210, 247
ミュンヘン協定 ミュンヘンきょうてい 211, 223
モスクワ裁判 モスクワさいばん 143

や行

ユダヤ人虐殺 ユダヤじんぎゃくさつ 27, 188, 244

ら行

ラインラントへの突如とした進駐 ラインラントへのとつじょとしたしんちゅう 127, 139, 164
陸軍パンフレット りくぐんパンフレット 118
リットン調査団 リットンちょうさだん 71-72, 75, 87, 237 ⇒**国際連盟調査委員** こくさいれんめいちょうさいいん
柳条湖における満鉄線の爆破(柳条湖事件) りゅうじょうこにおけるまんてつせんのばくは(りゅうじょうこじけん) 62 ⇒**満洲事変** まんしゅうじへん
ロカルノ条約 ロカルノじょうやく 127
盧溝橋事件 ろこうきょうじけん 148, 197, 242
ロシア革命 ロシアかくめい 13-14, 20, 58, 229
ロンドン会議 ロンドンかいぎ 119
ロンドン(海軍)軍縮条約 ロンドン(かいぐん)ぐんしゅくじょうやく 125

わ行

ワイマール憲法 ワイマールけんぽう 84-86
わが闘争 わがとうそう 26-27, 29-30, 130, 139, 199, 231, 246
ワシントン会議 ワシントンかいぎ 119
ワシントン海軍軍縮条約 ワシントンかいぐんぐんしゅくじょうやく 33-34, 39, 52, 120, 125

血の粛清 ちのしゅくせい　103, 120, 124, 165, 243
中ソ紛争 ちゅうソふんそう　61
張鼓峰事件 ちょうこほうじけん　214
張作霖爆殺事件 ちょうさくりんばくさつじけん　37, 45, 232
天皇機関説 てんのうきかんせつ　124
天皇放送 てんのうほうそう　110
東京大空襲 とうきょうだいくうしゅう　133, 240
突撃隊(SA) とつげきたい(エスエー)　25, 79-80, 83, 101-104, 107
トラウトマン工作 トラウトマンこうさく　182-183
虎ノ門事件 とらのもんじけん　34

な行

永田鉄山少将の暗殺 ながたてつざんしょうしょうのあんさつ　125
ナチスの焚書 ナチスのふんしょ　89
南京陥落 なんきんかんらく　180, 185
南京事件 なんきんじけん　188　⇒虐殺事件 ぎゃくさつじけん
南部仏印進駐 なんぶふついんしんちゅう　7
二・二六事件 にいにいろくじけん　7, 125-126, 135, 144
ニコライエフスク事件(尼港事件) ニコライエフスクじけん(にこうじけん)　59
日英同盟 にちえいどうめい　39
日独伊三国同盟 にちどくいさんごくどうめい　7, 138, 241
日独防共協定 にちどくぼうきょうきょうてい　135-136, 139-140, 153, 173, 175-176, 215-216, 221, 237, 241, 243
日露戦争 にちろせんそう　35, 39, 46, 58, 181, 232
日支事変 にっしじへん　174
日清戦争 にっしんせんそう　50
日ソ中立条約 にっソちゅうりつじょうやく　7
日ソ復交のための条約(日ソ基本条約) にっソふっこうのためのじょうやく(にっソきほんじょうやく)　59
日中戦争 にっちゅうせんそう　7, 148, 151, 160, 162, 182, 188-189, 211, 215, 226, 228, 238, 242, 247　⇒支那事変 しなじへん
ニューディール政策 ニューディールせいさく　115, 192, 237
ニュルンベルク裁判 ニュルンベルクさいばん　83, 95
ノモンハン事件 ノモンハンじけん　7

は行

排日移民法 はいにちいみんほう　39, 229, 232, 235
バーデンバーデンの密約 バーデンバーデンのみつやく　35, 37, 231
パネー号撃沈事件 パネーごうげきちんじけん　189-190, 192, 194, 197, 199, 244
パリ講和会議 パリこうわかいぎ　21
パリ不戦条約 パリふせんじょうやく　53
ハルビン進駐 ハルビンしんちゅう　63
秘密警察 ひみつけいさつ　103, 107, 165　⇒ゲシュタポ
ベルリン・オリンピック　128-129, 135, 239, 241
北伐 ほくばつ　48-49, 62, 233

ま行

マイン・カンプ　⇒わが闘争 わがとうそう

虐殺事件 ぎゃくさつじけん　198　⇒南京事件 なんきんじけん
九カ国条約 きゅうかこくじょうやく　39, 52, 65, 176
義勇兵役法 ぎゆうへいえきほう　218
キーロフ事件 キーロフじけん　113
錦州占領 きんしゅうせんりょう　63
軍事教練 ぐんじきょうれん　34, 218
軍部大臣現役武官制 ぐんぶだいじんげんえきぶかんせい　135
ゲシュタポ　103, 105, 107, 112　⇒秘密警察 ひみつけいさつ
五・一五事件 ごいちごじけん　121, 144, 239
五カ年計画 ごかねんけいかく　59-61, 90-91, 123, 135
国際連盟(国連) こくさいれんめい(こくれん)　7, 20-21, 52-53, 63, 65, 67, 71-72, 75, 87-90, 93, 99, 115, 122-123, 125, 137, 139, 169, 176, 233, 237-238, 241
国際連盟調査委員 こくさいれんめいちょうさいいん　71　⇒リットン調査団 リットンちょうさだん
国体明徴 こくたいめいちょう　124, 215
国民精神総動員 こくみんせいしんそうどういん　193
御前会議 ごぜんかいぎ　182
国会議事堂放火事件 こっかいぎじどうほうかじけん　83, 95, 237
国家総動員法 こっかそうどういんほう　203, 211
国共合作 こっきょうがっさく　146, 148, 241-242
コミンテルン(共産主義インターナショナル)(きょうさんしゅぎインターナショナル)　133, 136, 215, 221

さ行

再軍備宣言 さいぐんびせんげん　121
山東出兵 さんとうしゅっぺい　37
支那事変 しなじへん　161, 175, 213　⇒日中戦争 にっちゅうせんそう
シベリア出兵 シベリアしゅっぺい　59
上海事変 しゃんはいじへん　7, 63-65, 157, 159, 163, 167, 169, 171-172, 235, 243
十月革命 じゅうがつかくめい　13-14, 82
ジュネーヴ軍縮会議 ジュネーヴぐんしゅくかいぎ　99
徐州作戦 じょしゅうさくせん　211
親衛隊(SS) しんえいたい(エスエス)　23, 83, 102-104, 106-107, 112, 204, 219
辛亥革命 しんがいかくめい　47, 233
枢密院会議 すうみついんかいぎ　32
スペイン戦争 スペインせんそう　131-134
西安事件 せいあんじけん　144, 241

た行

第一次世界大戦 だいいちじせかいたいせん　13, 20, 24, 34-35, 38-39, 41, 47, 49, 51, 54, 71, 81, 128, 230, 232-233, 239
対華二十一カ条の要求 たいかにじゅういっかじょうのようきゅう　49-50, 233
大東亜戦争 だいとうあせんそう　40, 177
第二次世界大戦 だいにじせかいたいせん　30, 93, 164, 211, 222, 226
太平洋戦争 たいへいようせんそう　45, 64, 109, 138, 148, 188, 218, 227, 232, 241
大本営政府連絡会議 だいほんえいせいふれんらくかいぎ　180, 183, 186-187
治安維持法 ちあんいじほう　34

丸山真男 まるやままさお　81
マルロー，アンドレ　143
マン，トーマス　89, 95, 107
水野広徳 みずのひろのり　69
三竝貞三 みつなみていぞう　196
美濃部達吉 みのべたつきち　124
武者小路公共 むしゃのこうじきんとも　136
ムッソリーニ，ベニート　115-116, 132
武藤章 むとうあきら　37, 117
毛沢東 もうたくとう　62, 134, 144-147, 170, 241
森恪 もりかく(つとむ)　94

や行

ヤゴーダ，ゲンリフ　165
山口重次 やまぐちじゅうじ　62
山下奉文 やましたともゆき　37
山梨勝之進 やまなしかつのしん　120
山本五十六 やまもといそろく　151, 196, 198, 214, 245-246
湯浅倉平 ゆあさくらへい　158
楊逸舟 よういつしゅう　146
米内光政 よないみつまさ　180-181, 184

ら行

リットン，ヴィクター・ブルワー　72
リッベントロップ，ヨアヒム・フォン　95, 111, 135, 174-175, 204, 216, 221, 243
リード，ジョン　13-14
リュシコフ，ゲンリフ　212
ルイコフ，アレクセイ　19
ルーズベルト，フランクリン　92-93, 115-116, 139, 192-194, 210, 226, 232, 237, 245
ルッペ，マリヌス・ファン・デア　83
ルーデンドルフ，エーリヒ　24
レーニン，ウラジーミル　13-19, 59, 80, 82, 112, 140, 147, 229
レーム，エルンスト　101-104
ロマン・ロラン　108

わ行

若槻礼次郎 わかつきれいじろう　48

事項索引(じこうさくいん)

あ行

相沢事件 あいざわじけん　⇒永田鉄山少将の暗殺 ながたてつざんしょうしょうのあんさつ
暗黒の木曜日 あんこくのもくようび　55　⇒ウォール街の大暴落 ウォールがいのだいぼうらく
一夕会 いっせきかい　37
ヴェルサイユ条約 ヴェルサイユじょうやく　21, 23-24, 101, 121, 127, 192, 207
ウォール街の大暴落 ウォールがいのだいぼうらく　52, 55, 57, 150, 234　⇒暗黒の木曜日 あんこくのもくようび
オーストリア併合 オーストリアへいごう　205, 210, 223

か行

隔離演説 かくりえんぜつ　193-194, 245
亀戸事件 かめいどじけん　34
漢口(攻略)作戦 かんこう(こうりゃく)さくせん　212-213, 215, 247
関東大震災 かんとうだいしんさい　33, 49

パステルナーク，ボリス　166
馬占山 ばせんざん　47, 73–75, 235–236
長谷川長官(清) はせがわちょうかん(きよし)　189
秦郁彦 はたいくひこ　94
ハーディング，ウォレン　38
林銑十郎 はやしせんじゅうろう　117–118
原敬 はらたかし　32
原田熊雄 はらだくまお　138
ハル，コーデル　191, 194
ハルダー，フランツ　83
春山和典 はるやまかずのり　195
ビーヴァー，アントニー　164, 167
ヒトラー，アドルフ　8, 20–30, 54, 78–87, 89, 93, 95, 99–108, 110–112, 114–116, 120–123, 127–130, 132, 134–137, 139, 149, 164, 167, 170, 173–175, 178, 181, 192–193, 199–211, 216, 222–223, 226–227, 229–231, 234, 236–241, 243–244, 246–247
ヒムラー，ハインリヒ　102–104, 106, 111, 203
平田晋策 ひらたしんさく　69
広田弘毅 ひろたこうき　135–136, 138, 175, 179–181, 184, 188, 191, 244
裕仁 ひろひと　32–33, 36, 226, 229, 231
⇒昭和天皇 しょうわてんのう
ビンディング，ルドルフ　108–110
ヒンデンブルク，オスカー・フォン　79, 81, 101–102, 105–106, 110
ファルケンハウゼン，アレクサンダー・フォン　171
フィッシャー，ルイス　166
フォークナー，ウィリアム　52
溥儀 ふぎ　74
福永恭助 ふくながきょうすけ　68–69
伏見宮軍令部総長(博恭) ふしみのみやぐんれいぶそうちょう(ひろやす)　119, 171, 184
フーバー，ハーバート　56, 64–66, 69, 92, 192
ブハーリン，ニコライ　15, 19
ブラウヒッチュ，ヴァルター・フォン　204, 206
フランコ，フランシスコ　131–133
フランス，アナトール　30, 231
ブリアン，アリスティード　53
フリッチュ，ヴェルナー・フォン　201–203
フルシチョフ，ニキータ　142
ブレドウ，フェルディナント・フォン　105
ブレヒト，ベルトルト　107, 143
フロイト，ジークムント　89
ブロムベルク，ヴェルナー・フォン　102, 106, 111, 127, 201–203
ヘス，ルドルフ　25, 103, 111
ベック，ルートヴィヒ　206
ベネット，ジョン・ウィーラー　105
ヘミングウェイ，アーネスト　52
ベンヤミン，ヴァルター　107
堀悌吉 ほりていきち　120
堀内謙介 ほりのうちけんすけ　196
堀場一雄 ほりばかずお　186–187
ボルマン，マルチン　111
本間雅晴 ほんままさはる　70

ま行

牧野伸顕 まきののぶあき　70
真崎甚三郎 まざきじんざぶろう　125
町尻量基 まちじりかずもと　75
松岡洋右 まつおかようすけ　88
マルクス，カール　17, 89, 147

シンクレア，アプトン　52
末次信正 すえつぐのぶまさ　180-181
杉山元 すぎやまはじめ　180-181, 184, 223
スターリン，ヨシフ　8, 14-19, 30, 54, 59-61, 63, 72, 90-93, 112-116, 120-122, 132, 134, 136, 139-143, 145-147, 153, 164-167, 204, 208-209, 212, 222, 226-227, 229-230, 234, 238-239, 241-243
スティムソン，ヘンリー　65-66, 194
スノー，エドガー　147
スメドレー，アグネス　147
ゼークト，ハンス・フォン　169-171
蔵式毅 ぞうしきき　73
ゾルゲ，リヒャルト　222
孫文 そんぶん　47-48, 147, 233
ゾンマー，テオ　180

た行

高嶋辰彦 たかしまたつひこ　186-187
啄木 たくぼく　195-196, 245
武居清太郎 たけいせいたろう　186-187
多田駿 ただはやお　183-186
田中新一 たなかしんいち　159
田中隆吉 たなかりゅうきち　152, 160
谷口尚真 たにぐちなおみ　120
ダラディエ，エドゥアール　208-209
チェンバレン，ネヴィル　208-210
秩父宮(雍仁) ちちぶのみや(やすひと)　186-187
チャーチル，ウィンストン　93, 149, 223, 237
張学良 ちょうがくりょう　60-61, 74, 144, 235, 241
張景恵 ちょうけいけい　47, 73
張作霖 ちょうさくりん　37, 45, 47, 144, 232
張治中 ちょうじちゅう　164
ツヴァイク，アルノルト　107
ツヴァイク，シュテファン　89
ディルクセン，ヘルベルト・フォン　175-176, 179
寺島健 てらしまけん　120
寺田済一 てらだせいいち　213
ドイッチャー，アイザック　141
東条英機 とうじょうひでき　37, 117, 152
トハチェフスキー，ミハイル　165
富永恭次 とみながきょうじ　152
ドライサー，セオドア　52
トラウトマン，オスカー　176, 178-179, 181, 204, 244
ドラモンド，エリック　72
トロツキー，レフ　14-15, 17-19, 114, 140, 165, 229

な行

直木三十五 なおきさんじゅうご　69
中島健蔵 なかじまけんぞう　215
永田鉄山 ながたてつざん　35-36, 117-118, 125
中野正剛 なかのせいごう　220
中村孝太郎 なかむらこうたろう　213
根本博 ねもとひろし　69
ノイラート，コンスタンティン・フォン　180, 201-204

は行

ハイドリヒ，ラインハルト　103
橋本欣五郎 はしもときんごろう　61, 191-192, 197
橋本群 はしもとぐん　213

小幡酉吉 おばたゆうきち 86

か行

カイテル，ヴィルヘルム 175
カーショー，イアン 200-202
加登川幸太郎 かとがわこうたろう 161
カピツァ，ピョートル 166
ガマルニク，ヤン 165
神川彦松 かみかわひこまつ 69
カーメネフ，レフ 15, 17, 19, 114, 140-141
賀屋興宣 かやおきのり 180
カール，グスタフ・フォン 105
河辺虎四郎 かわべとらしろう 152
閑院宮参謀総長(載仁) かんいんのみやさんぼうそうちょう(ことひと) 152, 158-159, 178, 184, 186-187, 212
神田正種 かんだまさたね 61
熙治 きこう 73
菊池寛 きくちかん 69
北一輝 きたいっき 33
公平匡武 きみひらまさたけ 213
清沢洌 きよさわきよし 94
キーロフ，セルゲイ 112-113, 140
草鹿任一 くさかじんいち 119
クラゼナー，エーリヒ 105
クーリッジ，カルビン 54
グルー，ジョセフ・クラーク 67, 70, 138, 191, 197, 246
ケストナー，エーリッヒ 89
ゲッペルス(ゲッベルス)，ヨーゼフ 85, 89, 103, 111, 127, 220-221, 236
ゲーリング，ヘルマン 102-105, 108, 111, 121, 127, 175, 202
ケロッグ，フランク 53
小磯国昭 こいそくにあき 213
古賀峯一 こがみねいち 180, 184
近衛文麿 このえふみまろ 149-150, 168, 182-184, 186-189, 203
コルツォフ，ミハイル 166

さ行

西園寺公望 さいおんじきんもち 70
斎藤博 さいとうひろし 194-195, 198, 245-246
斎藤実 さいとうまこと 87-88
斎藤与蔵 さいとうよぞう 162
坂西志保 さかにししほ 195-196
坂野常善 さかのつねよし 120
左近司政三 さこんじせいぞう 120
佐藤賢了 さとうけんりょう 177
重藤千秋 しげとうちあき 61
幣原喜重郎 しではらきじゅうろう 48, 137, 241
ジノヴィエフ，グリゴリー 17-19, 112, 114, 140-141
清水規矩 しみずのりつね 187
シャハト，ヒャルマン 127
朱徳 しゅとく 147, 170
周恩来 しゅうおんらい 145-146, 170
シュトラッサー，グレゴール 105
シュライヒャー，クルト・フォン 81, 105
蔣介石 しょうかいせき 48-49, 60, 62-63, 65, 71, 74, 134, 144-147, 162-163, 168-169, 171-173, 176-183, 188, 221, 223, 233, 241-244
昭和天皇 しょうわてんのう 40-41, 64, 75-76, 86, 94, 126, 136, 144, 158, 182, 187, 212, 226, 228-229 ⇒裕仁ひろひと
ジョージ五世 196
ジョンソン，ポール 143, 147-148

半藤先生の「昭和史」で学ぶ非戦と平和

世界史のなかの日本 1926~1945〔上〕 索引

・本文、解説にあらわれた主な人名と事項名を五十音順に並べました。
・人名は原則として姓、名の順に表記しています。
・同一の人物に複数の表記がある場合、同一の事項で異なる表記がある場合は「⇒」で参照しました。
・項目の直後の( )は、その語の補足説明です。

人名索引

あ行

相沢三郎 あいざわさぶろう 125
愛新覚羅溥儀 あいしんかくらふぎ ⇒溥儀ふぎ
アインシュタイン，アルベルト 89, 107
阿部真之助 あべしんのすけ 150
阿部良男 あべよしお 22, 83, 100, 102, 111, 122
天野辰夫 あまのたつお 220
荒木貞夫 あらきさだお 69, 87-88, 92, 95, 117-118
池田純久 いけだすみひさ 117
池田浩士 いけだひろし 108-109
池辺棟三郎 いけべとうざぶろう 31
石射猪太郎 いしいいたろう 181
石川信吾 いしかわしんご 119
石川啄木 いしかわたくぼく 245 ⇒啄木たくぼく
石丸藤太 いしまるとうた 68-69
石原莞爾 いしはらかんじ 37, 61-63, 151-152, 159, 162-163, 172
板垣征四郎 いたがきせいしろう 61, 214, 217
イーデン，アンソニー 167
稲田正純 いなだまさずみ 213, 215
井上成美 いのうえしげよし 196
今田新太郎 いまだしんたろう 186-187
今村均 いまむらひとし 152
入沢達吉 いりさわたつきち 31
ヴァヴィロフ，ニコライ 166
ウィルソン，トーマス・ウッドロー 20, 52-53, 56, 233
ヴィルヘルム二世 20
ヴォロシーロフ，クリメント 166
宇垣一成 うがきかずしげ 137
内田康哉 うちだやすや(こうさい) 87
ウッドヘッド，H. G. W. 219
エレンブルグ，イリヤ 166
王克敏 おうこくびん 188
汪兆銘 おうちょうめい 62
オーウェル，ジョージ 131-132, 240, 248
大島浩 おおしまひろし 135-136, 174, 221
大角岑生 おおすみみねお 119
大山勇夫 おおやまいさお 162, 164
岡田啓介 おかだけいすけ 118
岡村寧次 おかむらやすじ 35-36
岡本清福 おかもときよとみ 213
オットー，オイゲン 216, 221-222, 247
小畑敏四郎 おばたとししろう 35-36

半藤一利（はんどう・かずとし）

1930年、東京生まれ。東京大学文学部卒業後、文藝春秋入社。「週刊文春」「文藝春秋」編集長、取締役などを経て作家。著書は『日本のいちばん長い日』『漱石先生ぞな、もし』（正続、新田次郎文学賞）、『ノモンハンの夏』（山本七平賞）、『「真珠湾」の日』（以上、文藝春秋）、『幕末史』（新潮社）、『B面昭和史 1926－1945』『世界史のなかの昭和史』（以上、平凡社）など多数。『昭和史 1926－1945』『昭和史 戦後篇 1945－1989』（平凡社）で毎日出版文化賞特別賞を受賞。2015年、菊池寛賞を受賞。2021年1月12日永眠。

＊初出＝『こころ』Vol. 34～37（2016年12月～2017年6月）

半藤先生の「昭和史」で学ぶ非戦と平和

世界史のなかの日本 1926-1945 上

ナチス・ドイツ、ソ連の恐怖政治、欧米列強の中国進出

発行日 2023年7月25日 初版第1刷

著者 半藤一利
発行者 下中順平
発行所 株式会社平凡社
〒101-0051 東京都千代田区神田神保町3-29
電話 03-3230-6579（編集）
03-3230-6573（営業）
平凡社ホームページ https://www.heibonsha.co.jp/
印刷・製本 株式会社東京印書館
編集協力 山本明子
装幀 木高あすよ（株式会社平凡社地図出版）
DTP 有限会社ダイワコムズ

ISBN978-4-582-45465-9